삶의 무기가 되는
좋은 습관

삶의 무기가 되는
좋은 습관

· 김시현 지음 ·

단순하지만 강력한 15분 핵심 습관의 힘

레몬북스
lemon books

오늘 내가 하고 있는 일이 습관이다. 오늘 내가 하는 일이 운명을 만든다.
오늘 씨앗을 뿌렸다면 그 씨앗은 언젠가 열매를 맺는다.
그러나 오늘 아무것도 하지 않았다면 열매는 열리지 않을 것이다.

　삶을 만들어가는 것은 습관으로 굳어진 시스템이다. 습관을 몸에 익히고, 습관으로 자리 잡기만 한다면 시간이 흐르면서 목표는 자동으로 달성된다. 습관이 이렇게 무섭다. 그런데 습관을 체계적으로 가르쳐주는 곳은 없다. 습관을 연구하고, 습관을 관찰하고, 습관을 성찰해도 모자랄 판에 습관에 대해 공부할 필요성을 느끼지 못한다. 인간이 무언가를 달성할 목표를 세웠다면 평생 연구해야 할 주제는 바로 습관의 과학이다. 지금부터 습관의 정체에 대해서 알아보고, 좋은 습관은 어떻게 만드는 것이며, 나쁜 습관은 어떻게 단칼에 끊어낼 수 있는지 알아보자.

　나는 강한 열정이나 불굴의 의지를 믿지 않는다. 열정은 끓었다 이내 식어버리고, 의지는 박약하여 3일을 못 간다. 체력이 약해 핵펀치는 날리지 못해도 잽은 매일 시도할 수 있다. 타고난 약골이 타고난 장골보다 오래 사는 이유는 꾸준하게 건강관리를 지속하기 때문이다. 불처럼 타오르는 열정의 소유자도 열정이 식어버리면 그 후에는 삶의 이유를 찾지 못하고 번아웃(Burnout)에 빠질 수 있다.

몇 년 전부터 발목이 아파서 러닝머신 운동을 할 수 없게 됐다. 얇은 발목이 더 이상 체중을 감당하지 못하게 된 것이다. 나의 발 사이즈는 225mm. 이 작은 발로 오랜 세월 불어난 체중을 떠받치고 있었으니 발목이 고장난 것도 무리는 아니다. 살을 빼려고 유산소 운동을 했는데 아이러니하게 살 빼는 운동마저 불가능한 상태가 돼 있었다. 어쩌다가 이 지경이 된 걸까.

오랜 세월 동안 야금야금 먹어온 기름진 음식과 탄수화물 위주의 식사, 야금야금 먹고 마셔온 맥주와 야식. 그렇게 야금야금 체중은 불어났고, 발목이 시큰거리기 시작했다. 젊은 시절부터 지금까지 20년 동안 살이 찌지 않는 체질이라고 자부하며, 호기롭게 먹었던 음식이 발목이 불편해질 정도의 체중을 만든 것이다. 하루 이틀 많이 먹는다고 살이 쪘을 리가 없다.

20년 전과 비교했을 때 20kg의 무게가 증가한 셈이었다. 20년 동안 20kg의 체중이 증가했다면 1년에 1kg씩 쪘을 것이고, 한 달에 약 800g씩 늘어났을 것이다. 그렇다면 이렇게 야금야금 오랜 세월 불어난 체중을 빼려면 20년이 걸린다는 말인가? 인생 대부분의 시간을 날씬하게 살아왔다는 착각 덕분인지 다이어트라곤 해본 적이 없는 내가 갑자기 무슨 수로 살을 빼겠는가?

난공불락 같았던 다이어트도 '하루 15분'이 결정했다. 일단 실내 자전거 위에 올라가서 페달을 돌리며 마의 15분만 넘기면 한 시간이 지속된다. 사정상 한 시간씩은 못한다 하더라도 15분은 올라가서 운동의 맛을 보는 게 중요하다. 감질나서 다음 날에도 운동할 가능성이 커진다. 15분은 이처럼 몸의 감각을 일깨우기 적당한 시간이다.

전설의 무용가도 새벽 5시에 택시를 잡아타고 체육관으로 가는 습관을 평생 유지한다. 아침 일찍 일어나기 힘든 사람은 유난히 이불에서 뒤척이는 시간이 길다. 15분 이상 일어나지 못하고 뒤척거린다면 침대에 누운 그대로 프로 지각러의 운명에 굴하고 만다.

직장인에게는 하루하루를 버티는 것 자체가 힘들고 지치는 일이다. 다이어트도 하고 싶고, 사이드 잡으로 돈도 벌고 싶고, 독서도 하고 싶고, 악기 하나쯤은 멋지게 연주하고 싶은데 도저히 짬이 나질 않는다. 회사에서 하루 종일 일에 시달리다 퇴근하면 그야말로 파김치 상태다.

야심차게 등록한 학원도 작심 3일, 독하게 마음먹고 시작한 헬스도 흐지부지, 독서는 한 권을 완독하기는커녕 앞부분만 들춰본 책이 한 트럭이다. 다이어트도, 독서도, 악기 연주도 오랜 시간 꾸준하게 지속하지 못한다면 결과나 성과를 눈으로 확인하기 힘들고 티도 나지 않는다. 의지력이 약하다고 자신을 탓해보기도 하고, 처음에만 불타오르고 꺼지는 열정 탓을 해보기도 한다. 다른 분야를 기웃거리다 이룬 것 하나 없이 세월만 간다. 인생을 바꾸고 싶어도 어디서부터 어떻게 다시 시작해야 할지 막막하다면 운명을 결정짓는 핵심 습관 하나만 만들어보자.

삶의 행로를 바꿔줄 핵심 습관도 하루 15분부터 시작한다. 지속 가능한 탁월한 습관 만들기는 하루 15분만 투자해도 충분하다. 하루 15분이 부스터 역할을 해주기 때문이다. 과도한 음주나 흡연 같은 나쁜 습관이 지속되는 원인은 잠깐의 충동을 참지 못하기 때문이다. 나쁜 습관을 멈추고 싶을 때도 15분만 유보하는 시간을 갖는다면 충동적 욕망을 잠재울 수 있다. 15분이 아주 짧은 시간처럼 느껴지는가? 15분은 때에 따라서 아주 긴 시간이 될 수도 있다. 인생을 능동적으로 살아가는 것이 어렵게만 보여도 하루 15분을 실속 있게 보내는 핵심 습관이 쌓인다면 좀처럼 보이지 않던 삶의 행로가 결정된다.

결과가 나오지 않았거나 성취하지 못했다면 습관을 바꾸면 된다. 그것이 마음의 습관이 될 수도 있고, 말의 습관이 될 수도 있고, 행동의 습관이 될 수도 있다. 습관성 음주나 흡연처럼 직접적으로 건강을 위협하는 나쁜 습관도 하루 15분의 충동을 제어하는 시스템을 갖춘다면 좋은 습관으로 바뀔 것이다.

이 책에서는 왜 나쁜 습관은 쉽게 반복되고 좋은 습관은 오래 지속되지 못하는지 그 이유를 찾아보고, 열정과 꿈에 대한 잘못된 환상과 학습된 무기력을 어떻게 극복할 수 있는지 경험담을 통해 해결책을 제시한다. 누구나 쉽게 따라 할 수 있도록 구성하였으니 습관 만들기를 시작하고자 하는 이들에게 든든한 초석이 되어줄 것이다. 이 책을 통해 강요된 열정과 꿈 없이도 성과를 이루고, 실패에 대한 두려움이 없는 탁월한 습관을 장착하자.

크게 되고 싶다면 오히려 작게 행동하라. 목표는 크게 두어도 되지만 행동 또한 크게 하면 금방 지쳐버리고 만다. 너무 열심히 하려고 하지 말자. 신나는 게임을 하듯 쉽고 간단하게! 하루 15분을 활용한 사소한 습관으로 큰 결과를 얻을 수 있다. 그저 좋은 습관을 만들고 지속하자. 그것이 하루 15분일지라도 말이다.

김시현

프롤로그 / 5

PART 1 작심 3일형 인간, 하루 15분 습관 만들기

작심 3일 전문가, 지속 가능성에 눈뜨다! / 17
하루 15분 핵심 습관으로 굴린 거대한 눈덩이 / 22
운명을 관리하는 방법 / 27
나쁜 습관 단칼에 잘라내기 / 32
중도포기형 인간도 야금야금 해낼 수 있는 비결은? / 39
작지만 위대한 15분 경험하기 / 45
하고 싶은 일과 현실의 격차가 클 때는? / 49

PART 2 무모한 열정보다 차가운 목표

열정의 배신! 지속 가능한 열정은 없다 / 57
무모한 열정은 패배의 지름길 / 61

눈앞의 목표가 우리를 춤추게 한다 / 64
열정, 제 풀에 나가떨어지는 에너지 뱀파이어 / 68
열정에도 유효기간이 있다? / 73
기복과 열정의 상관 관계 / 78
재능 탓하지 말고 습관을 탓하라 / 83

PART 3 꿈을 추억할 것인가, 실행할 것인가?

꿈에 살지 않는 삶 / 91
일상을 천국으로 만드는 재주 / 96
70% 완성은 완성이 아니다 / 99
과거 추억형? 현재 진행형? 꿈을 오늘의 현실로 만드는 방법 / 102
완벽함이라는 함정 / 105
시련! 습관을 만드는 최적의 타이밍 / 109
꿈 쇼핑하기 전에 습관 체크하기 / 113
패자가 꿈에 열중할 때 승자는 좋은 습관을 만든다 / 118

PART 4 하루 15분 핵심 습관은 현실이 된다

좋은 습관 하나가 100년을 책임진다 / 125
습관이라는 의지, 습관이라는 운명 / 129
더 이상 미루지 않는 습관 들이기 / 134
35,040개의 15분, 시간이라는 선물 / 137
시간을 엿가락처럼 늘려 쓰는 스톱워치의 마법 / 141
15분 습관으로 3배속 빠른 인생을 살 수 있다면? / 145
프로 딴짓러의 발칙한 15분 / 148
꼬리가 몸통을 흔든다! 사소한 나쁜 습관이 내 삶에 끼치는 영향 / 154
재미와 습관, 두 마리 토끼를 다 잡는 방법 / 159

PART 5 힘 빼고 가볍게, 게임처럼 하루 15분

힘 안 들이고 자동으로 성취하는 마법, 그 이름은 습관! / 169
삶에서 무엇을 익숙하게 만들었는가? 1% 성장의 저력 / 176
습관은 사람과 함께 오고 사람과 함께 간다 / 181
태도도 쌓이면 빛나는 실력이 된다 / 188
습관은 제 2의 천성이다 / 192
습관이 운명을 만든다 / 196

나만의 시간 리듬 찾기 / 202
한 시간을 네 덩이로 나누기 / 207
습관의 조각들로 삶이라는 퍼즐 맞춰보기 / 210

PART 6 삶을 다시 설계하는 힘, 하루 15분

하루를 어떻게 쓰는가? 시간 추적하기 / 219
습관이 루틴이 될 때까지 / 224
사소한 시간이 모여 강력한 무기가 된다 / 230
실패를 기회로 삼는 역전의 15분 / 236
감정과 팩트 구분하기 / 240
조금씩 나아지는 게 좋아서 / 245
틈틈이, 짬짬이 습관으로 가능성을 쌓다 / 249

에필로그 / 254

PART 1

작심 3일형 인간, 하루 15분 습관 만들기

지금부터 15분 동안 10년을 미뤄두었던 일을 해라.
그것뿐이다. 아무 생각 말고 그저 15분을 해내라.

작심 3일 전문가, 지속 가능성에 눈뜨다!

　나는 자타공인 작심 3일 전문가다. 취미도 이것저것 손대보고, 악기도 배워보고, 운동도 안 해본 게 없지만 결국 제대로 연주할 줄 아는 악기 하나 없고, 제대로 할 줄 아는 운동도 없었다. 그러던 내가 15년간 지속적으로 독서를 하며 1만 권의 책을 읽고, 6권의 책을 쓰고, 유튜브 채널 120만뷰를 달성하고, 짬짬이 운동으로 7kg을 감량했다.

　작심 3일형 인간이면 어떤가. 작심 3일을 계속하면 된다. 작심 3일형 인간도 문제없다. 나도 자주 작심 3일형 인간으로 살아가고 있다. 작심 3일을 작심 3주로 만들고, 작심 석 달을 만들어가면 된다. 하루 15분만 작심 3일을 한다면 우리는 좌절감을 느끼지 않고 석 달이고, 3년이고 원하는 일을 계속 실행할 수 있다.

다만, 작심 3일이나 지속하고 일주일 이상 쉬거나 중도에 포기하게 된다면? 다시 작심 3일을 시작하기 위해 막대한 에너지를 써야 하기 때문에 오히려 전보다 더 힘들다. 오래 쉬지 않는 것이 가장 중요하다. 신체 리듬이 흐트러지기 때문이다. 리듬을 잃기 전에 지속 가능하게 만들면 된다. 처음부터 익숙지 않은 일을 오래도록 붙들고 있으면 사람은 쉽게 지치게 마련이다. 그래서 초심자는 욕심을 내지 않는 것이 포인트다. 처음 시작해서 몸에 완전히 습관이 되기까지 하루 15분만 지속해도 성공이다.

◆ ◆ ◆

유튜브를 시작하기 전, 영상 편집 프로그램 어도비 프리미어 프로(Adobe Premiere Pro)를 구매하고 영상 편집의 기초인 커트(Cut)하기부터 배웠다. 커트를 해서 영상이 그럴듯해지자 자막을 입력하는 법으로 넘어갔다. 영상 커트부터 자막 깔기까지 3주의 시간이 걸렸다. 초보자인 탓에 무엇을 하든 어렵고 어설펐지만 스스로 영상 편집을 해보니 점점 그 매력에 빠져들었다.

하지만 본업이 작가인지라 글을 써야 하는 상황이 닥치자 배웠던 것을 까맣게 잊고 지냈다. 오랜만에 영상 편집을 한답시고 기억을 더듬어 이것저것 만져보는데 잘될 리가 없었다.

'아뿔싸. 아무리 바쁘더라도 15분만 투자했다면 이렇게 까맣게 잊어버리지는 않았을 텐데.'

반복하는 습관을 저버리자 기껏 익혀둔 기능들이 기억의 저편으로 사라진 것이다. 익숙하지 않은 것을 해내야 한다는 부담감에 단번에 해치워버리려고 했던 것부터 문제였다. 무엇이든 습관이 되려면 차근차근 반복하는 것의 중요성을 잊지 말아야 한다.

인간의 뇌는 동물의 뇌와는 기능이 다르다. 조랑말은 태어나자마자 걷지만 인간은 걷기 위해 1년의 시간이 필요하다. 인간의 뇌는 걷기 위해 필요한 신경망을 만드는 데 1년 정도의 시간이 걸린다. 갓 태어난 뇌는 신경계의 단위인 뉴런이 연결되어 있지 않다. 끊임없이 뉴런을 연결시키며 학습을 한다. 성인기의 뇌도 마찬가지다. 우리의 뇌는 계속 변화한다.

훈련하면 훈련할수록 변화한다는 개념을 '뇌의 가소성'이라고 한다. 가소성(可塑性)이란 어떤 유전자형의 발현이 특정한 환경 요인을 따라 특정 방향으로 변화하는 성질을 뜻한다. 뇌가 마치 찰흙이나 플라스틱처럼 변한다는 의미다. 뇌의 신경회로는 외부의 자극이나 경험과 학습을 통해 구조가 기능적으로 변화하고 재조직된다. 인간의 뇌는 지구상의 그 어떤 동물의 뇌보다 가소성이 뛰어나다. 나이와 상관없이 뇌를 적극적으로 사용하면 노화하지 않고 기능을 유지할 수 있다.

그래서 인간에게 시간이 주어지는 한, 우리는 무엇이든 할 수 있다. 너무 늦었다고? 뇌가 굳은 것 같다고? 일단 15분부터 시작해보자. 인생 리셋을 하려고 비행기를 타고 지구 반대편으로 떠나지 않아도 된다. 지금 서 있는 자리에서 15분만 바꿔보자. 얼마든지 일상에서 실현 가능하다. 평소와 다른 행동을 하고, 다른 생각을 하고, 다른 걸 경험하면 된다. 더도 말고 딱 15분 동안! 물론 15분 이상 해도 된다. 하지만 처음부터 너무 무리하지는 말자.

나는 저혈압으로 아침에 일어나는 게 그 무엇보다 힘들었다. 아침에 일어나기만 해도 어지러워서 오전에는 글을 써도, 책을 읽어도 집중력이 떨어졌다. 전형적인 저녁형 인간이라고 생각했다. 하지만 도서관에 출근도장을 찍으면서 어쩔 수 없이 아침형 인간이 되어야 했다. 명당 자리 경쟁이 치열해서 도서관 오픈 전에 도착해야 원하는 좌석에 앉을 수 있었기 때문이었다. 처음엔 눈을 뜨는 일조차 힘들었지만 점점 달라지는 것이 느껴졌다. 분명히 같은 일상인데 다른 풍경을 마주하는 것 같았다. 일상 속에 익숙한 듯 다른 풍경이 펼쳐지는 15분으로 삶의 활력을 되찾고 새로운 작품을 구상할 수 있었다.

이것이 바로 지속성의 비결이다. 어려운 숙제 같은 부담감보다 금방 해낼 수 있다는 상쾌한 시작을 돕는 15분! 얼마나 쉽게 시작할 수 있나? 이 짧은 시간에 벌써 목표 하나를 달성하고 시작하는 것이다. '15분 습관'이 작심 3일 전문가인 내가 습관에 관한 책을 쓸 수 있었던 비결이다. 한번 떠올려보자. 나는 15분 동안 무엇을 했는가? 몸을 쭉 늘려 스트레칭을 했는가? 스마트폰을 들여다봤는가? 이제부터는 하루의 방향을 결정하는 15분이라는 생각으로 시작해보자. 15분은 누구나 자유롭게 쓸 수 있다. 하루 15분으로 삶을 원하는 대로 통제할 수 있는 쉬운 방법을 독자들과 나누고 싶어 1년 8개월이 넘는 시간을 원고에 매달렸다. 이제 하루 15분으로 내 삶을 책임질 평생 습관을 만들어보자.

하루 15분 핵심 습관으로 굴린 거대한 눈덩이

투자의 대가 워렌 버핏(Warren Buffett)은 "인생이란 눈덩이를 굴리는 일과 같다"고 했다. 실제로 그는 눈덩이를 굴리듯 돈을 불려 금세기 최고의 부자 타이틀을 얻은 당사자다. 또한 어린 시절부터 아버지 서재에 있는 책이란 책은 모조리 읽어버린 것도 모자라 활자 중독 증세까지 보인 소문난 독서광이기도 하다. 지금도 여든이 넘은 나이에도 불구하고 하루 500페이지 이상의 보고서를 읽는 루틴을 가지고 있다. 버핏은 그의 자서전에서 눈덩이 비유를 들며 습관의 힘을 강조한다. 이제 질문해보자. 습기를 머금은 작은 눈덩이를 어떻게 평생 굴릴 수 있을 것인가?

하루 15분이라는 시간은 눈덩이를 만드는 데 가장 최적의 시간이다. 한 시간의 4분의 1에 불과하지만 달리 보면, 한 시간을 네 덩이로 나눠 쓸 수 있는 시간이다. 한 시간을 통으로 60분으로 보는 관점과 15분짜리 네 덩이로 보는 관점은 상당한 차이를 만들어낸다.

◆ ◆ ◆

어떤 일을 매일 지속적으로 반복하는 데 하루 한 시간씩 해야 한다면 부담이 되어서 회피하게 되고, 회피가 쌓이면 중도포기로 이어진다. 하루에 한 시간씩 글쓰기를 해야 한다면 아마 나는 글쓰기를 포기했을 가능성이 크다. 직장인은 매일 한 시간을 통으로 비워두고 쓰기가 힘든 것이 현실이다. 하지만 하루 15분이라면 지속 가능하다.

독서를 15분 했다면, 다음 15분은 그 책에 대한 서평을 쓰는 시간으로 활용하면 된다. 이런 방법으로 나는 내 인생 최초의 SNS였던 싸이월드에 서평을 꽤 많이 쌓을 수 있었다. 하루하루 짬을 내서 쓴 독서일지는 한 달이 되니 꽤 많은 양이 됐고, 나는 그 기록을 독서 커뮤니티에 올리기 시작했다.

15년 전 회원수가 10만 명이었던 독서 카페에서 나의 닉네임이 검색어 2위를 기록할 만큼 독서일지는 올리자마자 높은 조회수와 많은 댓글을 얻었다. 고작 하루 15분 정도 짬을 내어 서평을 쓰고, 온라인에 공유했을 뿐인데 놀라웠다.

나는 그 기록을 기반으로 독서 아카이브를 축조할 수 있었고 그

아카이브는 전업작가로 집필을 하는 데 큰 도움이 됐다. 지금은 유튜브 영상을 만드는 데 콘텐츠 공급소 역할도 하고 있다. 15년 동안 쌓은 15분의 독서 기록을 참고해서 영상을 제작하면 된다. 덕분에 나는 북튜버라는 새로운 직업을 시작할 수도 있었다. 작은 습관이 세월이 쌓이자 큰 흐름을 만든 것이다. 습관은 우리를 배신하지 않는다. 습관을 얼마나 지속할 수 있느냐가 관건이다.

어떤 사람을 알아보고 싶거든 그의 24시간을 살펴보라. 24시간 안에 그 사람의 모든 습관이 들어 있을 것이다. 하루만 보면 그가 평생 어떤 삶을 살아가는지 예측이 가능하다. 사람은 습관의 노예이기 때문이다. 탁월한 삶은 탁월한 습관의 결과이다. 오늘의 결과는 작은 눈덩이가 세월을 거치면서 커다란 눈사람이 된 모습과 같다. 도끼를 갈아 바늘을 만든다는 뜻의 고사성어 마부작침(磨斧作針)처럼 불가능해 보이는 일도 꾸준히 지속하면 세월과 함께 쌓여 눈덩이가 된다.

우리의 24시간을 채운 습관들은 무엇인가? 24시간을 24등분으로 쪼개보자. 그리고 15분 동안 무엇을 하며 보내는지 기록해보자. 작은 시간에 불과한 15분 동안 해온 일이 10년에 걸쳐 오늘날의 자신을 만들었을 것이다.

무슨 일이든 지속적으로 오랜 시간을 반복하게 되면 커다란 눈덩이를 만든다. 어떤 눈덩이를 만들 것인가는 개인이 선택할 수 있

우리의 24시간을 채운 습관들은 무엇인가?
그 습관들이 10년에 걸쳐 오늘날의 나를 만들었을 것이다.

는 영역이다. 천 리 길도 한 걸음부터다. 인생의 방향을 좌지우지할 작은 눈덩이부터 점검해보자. 훌륭한 작은 눈덩이를 만들 줄 안다면 지속력이라는 마법이 알아서 눈덩이를 크게 굴려줄 것이다. 꼭 만들고 싶은 습관이 있다면 하나둘씩 차근차근 시도해보자. 무의식적으로 반복하는 일과 세월이 만나면, 흔들리지 않는 큰 습관이라는 눈덩이를 굴리게 될 것이다.

운명을 관리하는 방법

지금 하는 일이 잘되고 있다면 그것은 분명 과거부터 이어온 습관의 결과일 것이다. 사람은 자신을 객관적으로 바라볼 수 있어야 하는데 사실 자기 자신을 냉정하게 바라보기란 쉽지 않다. 사람은 자신에게는 관대하고 타인에게는 엄격하다고 하지 않던가. 자신을 객관적으로 볼 줄 알아야 비워야 할 부분과 채워야 할 부분을 알 수 있다. 자신을 객관적으로 파악하려면 하루 일과를 기록해보면 좋다. 내가 어떤 습관으로 살아가고 있는지 파악할 수 있는 가장 확실한 방법이다. 만일 아무것도 떠오르지 않는다면 오늘부터 매일매일 무엇을 하는지 기록해보자. 나조차 몰랐던 나를 발견할 수 있을 것이다.

현재의 나를 만든 과거의 습관은 무엇인가? 과거에 나는 어떤 습관의 씨앗을 심었길래 지금 이런 모습이 되었나? 어렵게 생각할 필요 없다. 자신의 습관을 알아내면 된다. 이것이 바로 운명을 관리하는 방법이다. 하루 일과에 좋은 습관만 들어차 있다면 운명은 억지로 무엇을 하지 않아도, 점집에 가서 산신령에게 빌지 않아도 좋아진다. 인생은 과거로부터 모든 것이 정해져 현재에 이르게 된다. 과거에 무엇을 하며 시간을 보냈는가? 그것부터 알아내라.

◆ ◆ ◆

스타트업으로 20대에 의미 있는 성공을 거둔 청년 사업가가 있었다. 그는 성공의 달콤함을 너무 일찍 맛본 탓에 자신의 성취에 도취되어 있었다. 하지만 성공의 달콤함은 잠시 스치듯 지나가고, 추락의 길로 접어들었다. 10억에 가까운 빚을 떠안게 된 그는 무엇이 잘못됐는지 알기 위해 냉정하게 자신의 과거를 복기하기 시작했다. 그러나 과거를 돌아보려 해도 세세하게 기억나지 않았다. 기록이 부실해서 어떤 실패를 했는지, 어디서부터 바로잡아야 할지 파악하기 어려웠다. 후에 다시 사업을 시작한 청년은 이 경험을 교훈 삼아 회사의 모든 데이터를 보존하는 시스템을 구축했다. 회의일지, 프로젝트 진행 상황, 회계, 인사 업무까지 꼼꼼하게 기록을 남겨두니 업무 처리도 명확해지고, 혹시 모를 상황에도 대비할 수 있는 힘을 갖추게 됐다.

기록은 무엇보다 중요하다. 숫자로 남긴 기록은 정확하게 자신을 비추는 거울이 된다. 이렇게 습관도 수치화하여 관리해보자. 숫자는 거짓말을 하지 않는다. 기록하지 않으면 자신이 정확히 얼마만큼 좋은 습관을 가지고 있는지 알 수 없다. 그래서 습관을 수치화하는 작업이 반드시 필요하다.

오늘 하루를 마치기 전에 잘한 일과 못한 일을 기록하고, 수치화하고, 통계를 내고, 그래프를 만들자. 그렇게 하면 행동에 대한 통계가 나올 것이다. 습관에 대한 통계가 나올 것이다. 좋은 결과가 나왔다면 원인을 파악해야 다음에도 좋은 결과를 낼 수 있다. 결과를 추적하기 위해 기록하자. 데이터 수집은 어려운 게 아니다. 기록을 하기만 하면 데이터로 활용할 수 있다. 기록을 꾸준히 모아야 의미 있는 데이터가 된다.

오늘 내가 하고 있는 일이 습관이다. 오늘 내가 하는 일이 운명을 만든다. 오늘 씨앗을 뿌렸다면 그 씨앗은 언젠가 열매를 맺는다. 그러나 오늘 아무것도 하지 않았다면 열매는 열리지 않을 것이다. 아무것도 하지 않으면 아무 일도 생기지 않는다. 습관은 매분, 매시간 매일, 하루하루 조금씩 쌓아올린 탑이다. 그 탑에 대한 결정권은 타인에게 있지 않다. 내 운명을 창조할 결정권은 내게 있다. **보통의 시간을 가장 빛나는 순간으로 만들 가능성은 결국 습관에 있다. 오늘 하루 실행하자고 마음먹은 일을 지속할 수 있는지에 달린 것이다.**

아무리 운동을 해도 체중이 줄지 않아 속상한 경험이 있다면 식사일지와 운동일지를 남겨보자. 결과가 나오지 않는 데는 분명히 원인이 있다. 기록하는 습관이 있다면 원인 진단이 가능하다. 열심히 운동해도 식단을 조절하지 않았다면 체중 변화를 기대하기 힘들다. 먹는 것도 기록해보자. 습관적으로 고칼로리 간식을 야금야금 먹고 있었을지도 모른다. 만일 내가 매일 맥주 한 캔씩 따는 습관이 있다면, 맥주 한 캔을 마실 때마다 달력에 빨간 스티커를 붙여보자. 자신이 얼마나 맥주를 많이 마시는지 한눈에 파악할 수 있다. 기록이 쌓이면 눈치채지 못한 부분을 파악할 수 있다. 기록을 통해서 무엇이 잘못됐는지 깨닫고, 어떻게 바꿔야 할지 계획할 수 있다.

위험이 다가오는 징조를 가장 빨리 파악할 수 있는 길은 기록이다. 기록을 남겼다면 가까운 미래에 어떤 일이 일어날지 예측할 수 있다. 기록을 남겨야 자신의 행동을 객관적으로 파악할 수 있다. 기록은 습관을 수치로 명확하게 드러나게 한다. 데이터는 급격한 변화의 경계선을 가장 정확하고 진실하게 알려준다. 데이터가 쌓이면 기록은 단순히 숫자 나열이 아닌 자신을 면밀히 분석할 수 있는 훌륭한 도구가 된다. 시간을 어떻게 다루는지 기록한다면 인생을 어떻게 대하는지도 알 수 있다. 이것을 바탕으로 시간을, 습관을, 운명을 관리하는 첫걸음을 시작하면 된다.

• • •

보통의 시간을 가장 빛나는 순간으로 만들 가능성은
결국 습관에 있다.

나쁜 습관
단칼에 잘라내기

사진작가 체이스 자비스(Chase Jarvis)는 명상에 대해 이렇게 말했다.

"얻어야 할 것에 집중하지 마라. 버려야 할 것이 무엇인지에 집중하라. 그것이 명상이다."

명상이 어려운 이유는 온전히 자기 자신에 집중하는 일이 어렵기 때문이다. 자신에게 집중한다는 건 자아와 대면하고, 깊은 대화의 시간을 갖는 것이다. 자신과의 대화 시간이 많다면 하루 종일 무슨 일을 하면서 시간을 보냈는지, 그 일을 하면서 내 생각은 어땠는지 파악하고 있을 것이다. 쫓기듯 정신없는 하루를 보냈다면 어디에 가치를 두고 살았는지, 자신이 오늘 하루에 완수해야 할 목표는 무엇이었는지 곱씹어볼 여력도 없다. 자신과 대화한 게 언제였는지 까마득하고, 내 삶의 목표는 무엇인지 잊고 살게 된다. 그렇게 좋은 습관과 멀어진다.

만초유불가제(蔓草猶不可除)란 풀이 지나치게 무성하면 없앨 수 없다는 뜻으로, 초기에 일을 처리하지 않으면 나중에는 어찌할 수 없는 지경에 이르게 된다는 의미가 있다. 나쁜 습관이 바로 그렇다. 나쁜 습관 또한 자라나는 풀과 같아서 오랜 세월 지속되면 지나치게 무성해지고 해결할 수 없는 지경에 이른다. 마치 독버섯처럼 퍼져서 자신도 모르는 사이에 운명을 쥐고 흔든다.

아무리 뛰어난 장점을 갖고 있는 사람이라 할지라도 치명적 단점이 있다면 그 단점이 장점을 삼켜버린다. 실력이 뛰어난 대가도 술을 마신 뒤 운전대를 잡는 치명적인 나쁜 습관이 있다면 그동안 쌓아올린 인생의 업적이 한 방에 무너진다.

◆ ◆ ◆

도박하는 버릇은 또 어떠한가. 평소 음주운전과 도박을 경계하지 않고 아무렇지도 않게 여기는 마음 습관은 언젠가 행동으로 표출된다. 나쁜 습관은 또 다른 나쁜 습관을 불러온다. 음주운전을 한다는 건 분명히 음주운전에 버금갈 만큼의 나쁜 습관이 삶에 스며들어 있는 상태일 것이다. 도박에 대해서 전혀 모르는 사람이 혼자 도박을 배우고, 제 발로 도박장에 걸어 들어가는 경우는 없다. 분명히 그와 관련된 환경이 조성돼 있었을 것이다. 도박장에 끌어들인 사람과 알고 지내는 사이라면, 이미 도박쟁이와 비슷한 성향이 있다는 증거다. 사람은 끼리끼리 모인다고 했다. 나쁜 습관은 나쁜 습관을 가진 사람들을 삶에 끌어들인다. 주위를 둘러보면 비슷한 성향을 가진 사람들끼리 시간을 보낸다. 좋은 습관은 훌륭한 가치관을 형성하고 인생을 올바른 방향으로 이끌지만, 나쁜 습관은 형편없는 가치관을 만들고 사나운 운명을 만들어나간다.

자극은 더 큰 자극을 끌어당긴다. 충동은 억제하기 힘들다. 충동은 감정과 함께한다. 감정에 충실한 사람은 나쁜 자극에 휩쓸릴 가능성이 크다. 감정도 패턴이다. 시도 때도 없이 감정에만 집중한다면 무엇이 자신에게 해가 되는지 구분할 수 없는 상태가 된다. 쇼핑 중독이나 약물 중독, 알코올 중독에 빠진 사람이라면 갑자기 밀려오는 충동을 제어하기 힘들다. 이럴 때는 잠깐의 충동적인 감정에 충실한 것이 과연 본인을 위한 최선인지 한 템포 쉬면서 머리를 식히고, 차분히 생각해봐야 한다. 판단을 유보하면 보다 나은 선택을 할 수 있다.

나쁜 습관의 대부분은 충동적인 욕망에서 비롯한다. 술 한잔하고 싶은 충동, 담배 한 모금 피우고 싶은 충동, 달콤한 케이크 한 조각 먹고 싶은 충동 등 나쁜 생활 습관의 시작은 찰나의 충동적 욕망에서 시작한다. 따라서 충동적인 욕망 해소를 지연시키는 것만 해도 상당한 효과를 볼 수 있다. 욕망의 노예가 되어 성급하게 욕구 충족을 결정하기 전에 잠시 숨을 돌리고 종이를 꺼내 지금 머릿속에 떠오른 욕망을 적어보자. 성급한 행동보다 종이 위에 글을 쓰면서 생각할 시간을 조금이라도 확보한다면 욕망의 정체를 객관적으로 바라볼 수 있다.

단 15분만이라도 욕망을 지연시키는 시도를 해보는 것이 중요하다. 사람의 뇌는 쾌감을 한 번이라도 경험하면 그것을 다시 맛보고 싶어 한다. 그래서 단 한 번의 작은 성공이 큰 변화를 불러오기도 하는 것이다. 쾌감을 맛보면 계속 쾌감을 원하기 때문에 충동적인 욕망을 제어하는 성취의 쾌감을 한 번이라도 경험한 사람은 나쁜 습관을 끊어낼 습관을 장착하기 쉬워진다.

나쁜 습관도 오랜 시간이 걸려서 내 몸에 붙은 행동이기 때문에 하루아침에 끊기란 쉽지 않다. 하지만 자신의 나쁜 습관이 무엇인지 파악하고 싶은 마음과 그것을 개선시킬 의지가 있다는 것만으로도 내 인생에서 나쁜 습관을 삭제할 수 있는 가능성을 얻는다.

나쁜 습관이라는 작은 불씨가 인생 전체에 영향을 주는 데 어느 정도의 시간이 걸릴까? 큰불은 작은 불씨부터 시작한다. 오늘 당장 나쁜 습관을 그만두지 않는다면 지속적으로 인생 전체에 큰 영향을 끼치는 커다란 불이 될지도 모른다.

호미로 막을 것을 가래로 막는다는 속담이 있다. 커지기 전에 처리했으면 쉽게 해결됐을 일을 방치해두다가 큰 힘을 들이게 된 경우를 말한다. 아무리 사소한 나쁜 습관이라도 방치하다가 인생 전체를 나쁜 방향으로 끌고 갈 가능성이 있다면 피부에 스며들기 전에 단칼에 싹둑 잘라내는 행동이 필요하다.

먼저 행동을 바꿔야 마음이 뒤따른다. 운동은커녕 움직이는 것 자체를 싫어한다면 스마트폰에 만보기 앱부터 깔자. 앱을 까는 것만으로도 걷는 횟수에 신경 쓰게 된다. 얼마나 걸었는지 실시간으로 수치도 확인할 수 있다. 한 주, 한 달, 연 단위의 통계도 나온다. 만보기 앱을 깔면 괜히 나가서 걷고 싶어진다. 어느새 생활 습관으로 굳어져 하루 만 보를 걷게 된다.

하루에 한 번, 15분만이라도 버려야 할 것에 집중해본다면 인생은 보다 수월하게 흘러갈 것이다. 하루 15분 책상에서 무엇을 버려야 할지, 하루 15분 냉장고에서 무엇을 버려야 할지, 하루 15분 삶에서 무엇을 버려야 할지 자각하는 것만으로도 행동에 큰 영향을 줄 테니 말이다. 오늘부터 자신의 하루를 되돌아보며 나쁜 습관을 객관적으로, 면밀하게 파악해보자. 그리고 단칼에 삭제할 수 있는 습관 하나부터 일단 없애보자.

매일 술을 먹는 버릇이 있다면 냉장고에 있는 술부터 버리자. 눈에 보이지 않고, 손에 닿지 않으면 마시지 않을 가능성이 커진다. 나쁜 습관이 있다는 걸 깨끗이 인정하고 주변에 도움을 청하는 것도 좋은 방법이다. 나쁜 습관 끊기를 한두 번 성공하다 보면 뜻밖에 짜릿함을 경험하게 될 것이다. 나쁜 습관을 없애면 그 자리를 좋은 습관이 파고든다. 좋은 습관은 또 다른 좋은 습관을 불러온다. 나쁜 습관을 중단해도 의외로 금단 현상에 시달리지 않는다는 것을 단 한 번만이라도 경험해보자. 나쁜 습관을 버리는 데는 전혀 두려움이 없어야 한다. 가차없이 버리기를 주저하지 말라.

◆ ◆ ◆

오늘 당장 나쁜 습관을 그만두지 않는다면 지속적으로
인생 전체에 큰 영향을 끼치는 커다란 불이 될지도 모른다.

중도포기형 인간도
야금야금 해낼 수 있는 비결은?

어떤 일이든 오래 해본 적 없는 내가 15년간 독서를 지속할 수 있었던 비결은 스스로 읽는 환경을 만들고, 그 환경을 조금씩 더 좋게 바꾼 것에 있다. 가랑비에 옷이 젖는다. 성취는 사실 대단한 것이 아니다. 조금씩, 오래도록, 야금야금 지속하는 힘. 이것보다 무서운 것은 없다. 꾸준함이 이긴다.

독서형 인간으로 거듭나고 싶다면 하루 15분만이라도 책을 붙들고 있어라. 그러면 신기하게도 다음 15분은 더 쉬워진다. 며칠 후에는 자연스럽게 30분 정도 독서할 수 있게 된다. 책 읽기에 익숙한 사람이 된다.

그러다 보면 책이 눈에 들어오고, 마음에 들어오는 날이 온다. 책 속으로 빨려 들어가 하루 한 시간이고, 두 시간이고 독서를 하는 독서 근육이 생긴다. 1,000페이지가 넘는 벽돌 같은 책도 하루에 100페이지씩 읽으면 열흘에 완독할 수 있다. 오늘 하루치 분량을 읽고 단 한 줄이라도 내 생각을 남기면 그것이 모여 자산이 된다. 시간이 지나면 독서를 지속하게 하는 또 하나의 습관으로 자리 잡는다.

꼭 유려하게 잘 쓸 필요는 없다. 글을 잘 쓰려고 하면 부담이 돼서 일찌감치 그만두고 싶어진다. 나는 다만 책을 읽고 짧아도 좋으니 내 생각을 진솔하게 남기려고 했다. 서평다운 긴 서평을 쓰는 것은 부담으로 다가오기 때문에 다음과 같이 내키는 대로 한두 줄이라도 독서 기록을 남겼다.

한 줄 독서 기록

1. 『위대한 개츠비』, 스콧 피츠제럴드
   아름답고 허망한 인간이라는 존재의 욕망과 야망, 비열함과 허영심 안에 숨겨진 고귀한 절대 불변의 가치.

2. 『라셀라스』, 새뮤얼 존슨
   세상 부러울 것 없는 금수저도 갖가지 이유로 불행하다.

3. 『변신』, 프란츠 카프카
   자본주의와 인간, 가슴을 옥죄는 쓸쓸함.

이렇게 한 문장이라도 내 생각을 기록으로 남기려 한 작은 습관이 15년 동안 야금야금 쌓여 콘텐츠를 생산하는 사람으로 살아가는 기반이 되었다. 앞으로 단지 책을 읽고 덮지 않겠다는 생각으로 한 줄 서평을 남겨보는 건 어떨까?

한 줄 독서 기록
1.
2.
3.

어떤 일을 꾸준하게 오래도록 지속한 경험은 인생에 큰 자산이 된다. 꾸준함을 이길 그 어떤 재주도 없다. 길게 가려면 처음에는 야금야금, 조금씩 해나간다는 생각을 갖고 가볍게 출발해보자. 중도포기하는 습관을 가진 사람들의 공통점은 조급함이다. 눈에 보이는 성과가 단시간에 나오지 않으면 자신이 가진 에너지를 모두

쏟아부어 스스로를 지치게 한다. 야금야금 천천히 지속하는 습관의 적은 처음부터 성과가 나올 것이라는 성급한 믿음이다. 가진 에너지를 요령 없이 모두 써버리면 오래도록 지속은커녕 그 일에 쉽게 질려버린다.

성취하는 사람들에게는 작지만 큰 습관이 있다. 처음에는 작은 발걸음으로 시작하는 것이다. 그들은 한 번 시작하면 뚜렷한 성과를 내기 전에는 멈추지 않는다. 야금야금 해나가면 당장의 큰 변화가 필요할 만큼 힘들지 않다. 당장 내 생활을 송두리째 바꾼다는 건 불가능에 가깝다. 사람이 갑자기 변하는 것만큼 위험한 일도 없다. 우리가 지금 모든 것을 바쳐 성취를 이뤄야 한다면 시작도 하기 전에 그 부담감에 나가떨어지게 될 것이다.

큰돈은 쓰기 어려워도 만 원은 쓰기 쉽다. 마음이 행동으로 옮겨가는 첫 번째 방아쇠는 부담 털기다. 부담이 크면 시작하기가 어렵다. 자꾸 일을 미루면 자꾸 더 큰 부담이 될 뿐이다. 결국에는 어디부터 손대야 할지, 시작할 엄두도 못 낼 큰일이 돼버린다.

이런 사태를 방지하기 위해서는 지금 해야 하는 일을 나중이나 내일이 아닌 지금 당장 해야 한다. 어려운 일도 15분만 해보자고 마음먹고 시작하면 그 이상도 해낼 수 있다. 그렇게 하나둘씩 해치워나가다 보면 어느새 문제는 말끔히 사라져 있을 것이다.

내 인생이 구렁텅이에 빠져 있을 때 내겐 좋은 습관이 없었다. 게으르고, 느리고, 답답하고, 비관적이었다. 환경을 탓하고 거만했다. 조금 해보고 큰 성과를 바라며 끈기와는 거리가 먼 생활을 했다. 그렇게 나쁜 생각과 나쁜 마음 습관이 야금야금 내 삶을 좀먹고 있었다. 하지만 하루 15분 책을 읽고 독서 기록을 남기는 습관을 지속하자 책과는 아무 상관없던, 평범했던 직장인의 삶을 책으로 먹고사는 삶으로 바꿨다. 만약 내가 독서 기록을 남기지 않았더라면 다른 직업을 가졌을 것이다. 지금 하고 있는 유튜브, 집필, 강연, 팟캐스트 제작은 모두 책을 기반으로 만드는 콘텐츠이기 때문이다.

하루 15분이 짧은 듯해도 쌓이면 무섭다. 하루 15분이라도 짬을 내서 독서하고 한 줄 기록을 남기는 습관을 10년 동안 지속한다면 어떻게 되겠는가? 인상적인 서평 한 줄로 사람들과 소통하는 시간을 10년 동안 쌓는다면 어떻게 되겠는가? 독서 내공은 물론, 어마어마한 복리가 더해져 큰 성과로 돌아온다. 우리가 반복적으로 하는 행동은 우리가 누구인지 말해준다. 하루 습관을 쌓고 쌓다 보면 그것이 우리 삶을 바꾼다.

17세기 프랑스의 수학자이자 철학자인 블레즈 파스칼(Blaise Pascal)은 "습관은 제 2의 천성으로 제 1의 천성을 파괴한다"고 했다. 부담 없이 매일 15분을 투자해 독서 기록을 남긴 습관을 계기로 천성에 딱 맞는 직업을 찾은 내가 보기엔 맞는 말인 것 같다. 나는 읽은 책을 사람들과 공유하고 싶다. 전세계가 연결되어 있는 초연결 시대에 사람들과 독서의 즐거움에 대해 공유하는 일은 내게 끊임없는 활력을 준다. 그것을 계속 느끼고 싶어 내가 읽는 책에 대해 서평을 쓰고, 나누는 일을 오늘도 지속하고 있다.

마음의 부담을 털어내고 야금야금 정복하는 방법을 쓴다면 시작하기가 수월해진다. 일단 한 걸음을 내딛는 것이다. 한 걸음이 두 걸음이 되고, 시간이 흐르면서 그 작은 발걸음을 지속할 수 있다면 가랑비로 옷을 젖게 할 수 있다. 시작부터 소나기를 맞으면 힘들다. 가랑비가 옷을 적시듯이 조금씩 내 삶에 가랑비를 뿌려주자. 그렇게 하루 이틀 지속해 나가면서 멈추지만 않는다면 가랑비는 소나기가 되고, 소나기는 단비가 될 것이다. 그러면 운명은 가랑비에 옷 젖듯이 출발해서 인생의 물줄기를 바꿀 홍수를 일으킬 것이다.

작지만 위대한
15분 경험하기

　워렌 버핏은 우선순위의 중요성을 누구보다도 강조했다. 우리는 반드시 꼭 해내야 할 일이 있어도 10년이 지나고, 20년이 지나도록 그 일을 시작조차 하지 않을 때가 많다. 그 이유는 뭘까? 요즘 직장인들의 대표적 허언 중 하나가 '퇴사하고 유튜브 시작하기'라고 한다. 하지만 대부분 몇 년이 지나도 영상 하나 올리지 않는다. 운전면허를 따겠다고 10년 전부터 외치고 있지만 필기시험도 접수하지 않은 사람도 많다. 장기적으로는 해야 할 일이지만 시작조차 하지 않는다.
　29권의 베스트셀러를 쓴 세계적인 마케팅 구루 세스 고딘(Seth Godin)은 "실천이 곧 전략"이라고 했다. 인생의 과업들을 시작할 방법은 간단하다. 그저 15분만이라도 그 일에 시간을 내어주는 것이다. **지금부터 15분 동안 10년을 미뤄두었던 일을 해라. 그것뿐이다. 아무 생각 말고 그저 15분을 해내라.** 15분도 시간을 내기 싫다면 그 일은 절대 시작도 못 한다. 단, 작게 시작하는 것이 포인트다. 처음부터 너무 많은 걸 해내려고 하면 시도해볼 용기가 나지 않을 것이다. 하루 15분 정도 부담스럽지 않은 선에서 도전할 여유를 만들어보자.

◆ ◆ ◆

사람들은 하루에 평균 80번 이상 스마트폰을 만지작거린다고 한다. 잠금해제를 하는 시간이 1초 정도라면 하루에 적어도 80초를 스마트폰을 잠금해제하는 데 쓰는 셈이다. 이 작은 시간들을 모아 잠금해제 대신 핵심 습관을 만드는 데 쓴다면 삶에 어떤 변화가 찾아올까?

유튜버가 되고 싶다면 스마트폰 카메라를 켜고 15분 동안 촬영을 하라. 다음 날 15분은 영상 편집을 하고, 그다음 날 15분은 업로드를 하라. 몇 년 동안 미뤄둔 유튜버의 꿈을 단 3일 만에 시작할 수 있다. 인생이란 의외로 쉽게 풀릴 가능성도 있다. 인생이 항상 어려운 것만은 아니다. 쉽게 술술 풀리는 것도 인생이 지닌 여러 단면들 중 하나다. 그러니까 너무 힘주지 말고 15분만이라도 가볍게 시작해보자. 스마트폰에 게임을 깔고 가볍게 플레이해보듯 말이다.

게임은 10분만 하려고 마음먹어도 어느새 30분이 되고, 한 시간이 되기도 하지 않은가. 혹시 아는가? 의외로 촬영과 영상 편집이 재미있어서 유튜브로 꿩 먹고 알 먹는 인생을 살게 될지도 모른다. 인생은 늘 예측불가라 더욱 흥미진진하고 재미있지 않을까.

흥미진진하고 재미있는 삶을 위해 하루 15분 정도는 투자할 수 있을 것이다. 무언가에 도전하고, 이루는 성취를 경험하는 데 하루 15분이면 충분하다. 다만 그것이 삶에 영향을 끼치고 변화를 만들어낼 수 있기까지는 최소한 100일이 넘는 시간이 소요된다. 혹자는 30일이면 습관이 되고, 66일이면 몸에 붙는다고 말한다. 물론 사람마다 차이가 있다. 나의 경우도 조금 달랐다.

나는 습관이 몸에 붙기까지 100일 이상 걸렸다. 배우는 게 빠른 편이 아니라서 그렇다. 하지만 이것도 장점이 있다. 하나의 습관을 만드는 데 오랜 시간을 들이기 때문에 한 번 습관이 들면 그 지속력이 오래간다. 성취는 갑자기 날아오는 행운이 아니다. 우리가 원하는 그 무엇은 쉽고, 빠르게, 즉각적으로 이루어지지 않는다. 버퍼링이 있다. 하고 싶은 그 무언가를 하는 데 너무 걱정하거나 고민하며 시간을 보내는 것보다 15분이라도 투자해서 실제로 경험하고, 거기서 얻은 피드백으로 수정, 보완해 나가는 것이 운명을 만드는 과정이다. 분위기가 무르익기를 기다리지 말고 15분만이라도 일단 행동하고 경험하는 것을 택하자.

운명은 인생을 만드는 커다란 수레바퀴와 같아서 한 사람의 작은 힘으로는 거스르기 힘들다. 하지만 그 거대한 수레바퀴가 습관이라는 작은 벽돌로 이루어졌다는 사실을 깨닫는다면 불가능한 일이 아니다. 그러니까 운명이라는 것은 애초부터 존재하지 않았다. 습관의 다른 이름일 뿐이다. 습관을 만드는 것은 인간의 일이다. 거대한 수레바퀴를 돌리는 것도 마찬가지다. 촘촘한 습관의 결과다. 이것을 타인이 아닌 자신이 만들었다면 그 습관과 능력은 평생 누구에게도 빼앗기지 않는다.

인간은 누구나 아이로 태어난다. 출발은 어느 인간이나 비슷하다. 특별하지 않다. 왜 인간은 어른으로 태어나지 않을까? 습관이라는 예술을 창조해내기 위해서가 아닐까? 인간은 흐름을 만들어낼 수 있는 존재다. 습관을 바탕으로 인생이라는 건축물을 축조할 수 있다. 벽돌 하나로 건축물을 만들 수는 없다. 크고 탄탄한 건축물일수록 많은 벽돌이 필요하듯이 하루 15분 습관이라는 벽돌을 지속적으로 쌓아올려 인생이라는 건축물을 만들어나가자.

하고 싶은 일과
현실의 격차가 클 때는?

주위를 둘러보면 대부분의 사람들은 하고 싶은 일이 따로 있고, 현실에서 생계를 위해 하는 일이 따로 있다. 하루 종일 하고 싶지 않은 일을 하는 건 육체와 정신을 분리해야 하는 고된 일이다. 마음이 콩밭에 있는데 인생이 행복할 리 없다. 당장 그만두고 싶어도 생계 때문에 어쩔 수 없이 이어가야 한다면 더 고통스럽다.

이런 이상과 현실의 간극을 어떻게 메워야 하는지는 누구에게나 어려운 과제다. 그렇지만 이상과 현실의 간극을 객관적으로 파악할 수 있다면 해결 가능하다. 목표를 이루기 위해 들여야 할 시간과 노력이 얼마인지 현실적으로 파악한다면 말이다. 하루 15분만 이상을 위해 현재 할 수 있는 일을 차근차근 해나간다는 것을 목표로 삼고, 초반부터 무리하지 않는 선에서 시간을 할애한다면 내가 바라는 목표에 다가설 수 있다.

반드시 이루고 싶은 목표일수록 반드시 하루 15분 이상의 시간을 투입해보자. 꼭 긴 시간만이 충분한 건 아니다. 자투리 시간도 얼마든지 알차게 활용할 수 있다. 그동안 하고 싶은 일이 있어도 시간이 모자라서 하지 못했다는 인식 또한 달라질 것이다. 하루 15분 활용으로도 충분히 가능하다는 믿음이 생길 것이다. 하루 15분의 시간을 목적에 맞게 사용한다면 인생의 방향이 다르게 흐른다.

하고 싶은 일과 생계를 위해 해야 하는 일이 따로 있는 사람이야 말로 하루 15분의 작은 시간이라도 효율적으로 쓰는 방법을 익혀야 한다. 목표를 위해 어떻게 시간을 최적화할 수 있는지 이것저것 시도해보자. 실패와 성공을 거듭하면서 깨닫는 바가 적지 않을 것이다. **목표가 있지만 현실의 생계 때문에 시간이 없어서 못 한다는 프레임에 갇혀 있기보다는 자투리 시간을 나의 무기로 삼아보자.** 언제 잽을 날리고, 어떻게 훅을 꽂아넣으며, 핵펀치를 날릴 절호의 순간은 언제인지 경험을 통해 감을 터득한다면 인생에 있어서 큰 자산이 된다.

현실에서 생계를 위한 현업으로 시간 부족에 시달려도 확고한 목표를 인지하고 구체적인 계획을 세워보자. 그 자체로 인생에서 가장 중요한 가치관은 무엇이고, 어떻게 하면 효과적으로 시간을 배분할 수 있는지 청사진을 그려볼 수 있다. 15분이라는 시간의 덩어리를 다양하게 적용해보고, 언제가 가장 집중력이 높은 코어 타임인지 알아보라. 사람마다 집중이 잘되는 시간대가 다르기 때문에 직접 실전에서 경험한 데이터를 토대로 시간을 어떻게 배분해야 하는지 익히는 것이다. 그러면 작은 시간도 허투루 지나치지 않는다. 가장 작은 시간 15분이라도 일단 시작하면 그 일에 몰두하게 되어 한 시간이 후딱 간다.

15분이라는 작은 시간 덩어리도 뭉치면 크다. 인스타그램을 본격적으로 활용하고 싶어도 시작할 엄두가 나지 않는다면 우선 아무 사진이라도 찍어서 올려보자. 그것을 100일 동안 반복해보자. 어느새 꽤 많은 사진이 쌓여 있을 것이다. 인스타그램에 사진 한 장 올리는 데 3분도 걸리지 않는다. 이 3분이 모여 100일을 지속할 수 있다면 200일도 지속할 수 있고, 의외로 1년이라는 시간도 금방 간다.

◆ ◆ ◆

하고 싶은 일을 하면서 살고 싶다는 이상을 이루려면 생각보다 시간이 오래 걸린다. 그 긴 시간을 생각하면 벌써부터 한숨이 나올지도 모른다. 하지만 이렇게 발상의 전환을 해보면 어떨까? 긴 소시지를 잘게 썰어 하루에 하나씩만 먹으면 된다고 말이다. 잘게 썬 소시지가 맛있는 날도 있고, 맛없는 날도 있지만 하루에 하나씩만 먹는다는 목표를 세우고 꾸준하게 지속해보자. 그러다 보면 어느새 소시지가 한 조각도 남지 않는 순간이 올 것이다. 중요한 것은 지속력이다. 긴 소시지를 단번에 먹으면 체한다. 무리하면 탈이 나기 마련이다. 먹다가 체하면 다시는 쳐다보고 싶지 않을 것이다.

어떤 일을 지속하려면 작은 시간부터 잘 쓸 줄 알아야 한다. 그래야 긴 시간을 지속하는 일 또한 가능하다. 하루에 15분만이라도 틈틈이 시간을 알차게 활용하는 사람은 인생이라는 긴 시간도 실속 있게 운영한다. 시간을 잘 활용할 줄 알기에 시간이 없어서 하지 못한다는 변명은 하지 않는다. 작게만 보이는 15분, 그 소소한 시간 동안 결심한 바를 꾸준히 실천할 수 있다면 인생에는 이루지 못할 일이 없다는 진리를 깨달을 것이다. 처음에는 작아야 가능하다. 처음부터 크면 불가능이라는 녀석에 금방 부딪힌다. 평범한 매일의 실천이 모여서 큰 성취를 이룬다는 마음가짐으로 해보자.

지속 가능한 작은 발걸음을 뜻하는 '스몰 스텝'은 첫 발걸음을 쉽게 뗄 수 있게 해준다. 시작이 반이라는 옛말을 하루 15분 실천으로 증명할 수 있다. 오늘도 나를 움직이는 힘은 마음을 무겁게 짓누르는 부담이 아닌 바쁜 현실에서도 가볍게 시작할 수 있는 작은 발걸음, 하루 15분의 실천이다. 하루 15분이라는 작은 시간을 집중할 수 있다면 탄탄한 일상이 구축될 것이다.

❖ ❖ ❖

하루에 15분만이라도
틈틈이 시간을 알차게 활용하는 사람은
인생이라는 긴 시간도 실속 있게 운영한다.

PART 2

무모한 열정보다
차가운 목표

15

성취는 열정의 몫이 아니다. 성취는 습관의 몫이다.

열정의 배신!
지속 가능한 열정은 없다

내 지인 중 하나는 고3 시절 수능시험을 치른 후 곧바로 재수를 결심했다. 재수 학원에 등록하는 날 지인은 스스로 이렇게 다짐했다고 한다.

'열심히 하려고 하지 말자. 결석도 하지 말고, 딱 기본만 하자.'

대부분의 수험생들이 재수를 결정할 당시에는 열정을 활활 불태운다. 초반에는 열공모드를 유지하지만 여름이 되면 초반 러시에 기력을 쏟은 학생들은 쉽게 지친다. 여기저기 중도 탈락자가 속출한다. 지인은 재수 기간 내내 체력 안배에 신경 쓰며 무리하지 않고 딱 자기가 할 수 있는 만큼만 했다. 1년이 지난 후 결과는 어땠을까?

고3 때 본 수능보다 20점이 상승한 성적으로 원하는 학교에 입

학할 수 있었다. 8개월이 넘는 장기 레이스에서는 체력이 중요한 변수로 작용한다. 초반에 열정을 불태우다 보면 그만큼 체력소모가 심해 뒷심을 발휘할 수 없다.

◆ ◆ ◆

　마라톤은 42.195km를 완주해야 하는 기나긴 승부다. 레이스 초반에 있는 힘껏 달린다면 중반부터는 제 속도를 내지 못한다. 인간이 가진 에너지는 한정돼 있다. 인생이라는 긴 레이스를 포기하지 않고 완주하기 위해서도 과도한 열정에 에너지를 빼앗겨서는 안 된다. 열정이나 의지는 오르락내리락하며 지속력이 약하다. 변덕 또한 심하다. 목표는 이런 단기적인 속성을 가진 열정과 의지만으로 해내기 어렵다. 매일 꾸준히 지속하는 나만의 페이스가 중요하다.
　인간은 완벽하지 않기에 지속하기 힘든 열정을 믿기보다 습관을 유지해줄 시스템을 만들어두는 것이 유리하다. 30대의 불꽃같은 체력과 열정이 사라지고 남은 건 오랜 시간 체계적으로 몸에 익혀온 습관이었다. 습관으로 축조한 인생의 시스템은 쉽게 무너지지 않는다. 체력이 방전되더라도 피부에 스미고 뼈에 새겨진 습관은 크게 흔들리지 않는다. 열정은 때때로 에너지를 빼앗는 뱀파이어가 될 수 있지만, 습관은 힘을 적게 들이면서 성과는 크게 보장한다.

사실 나는 스스로가 완벽하지 않다는 것을 오랜 시간 인정하지 못했다. 완벽에 대한 집착이 있었고, 마음만 먹으면 원하는 삶을 살게 될 거라고 믿어 의심치 않았다. 습관의 지속성을 경험하기 전까지는 열정이 모든 문제를 해결해줄 열쇠라고 여겨왔다. 하지만 그 열정은 서른 아홉이 되자 꺾여버렸다.

가장 먼저 체력이 예전 같지 않았다. 점점 마음의 연료를 태워줄 열정이라는 에너지가 고갈되었다. 스스로를 열정적인 사람이라는 프레임에 가두고 있던 나는 열정이 사라지자 정체성마저 흔들렸다. 한동안 내가 나이를 먹었다는 사실을 받아들이지 못해 마음의 갈피를 잡을 수 없었다. 마흔을 앞두고서도 이렇게 크게 흔들리는데, 쉰이나 예순에는 또 얼마나 큰 변화가 기다리고 있을까? 그 사실 또한 감당하기 힘들었다. 이 또한 미리 예측하고 준비해야 한다는 것을 깨달았다.

그때부터 세상을 바라보는 시선이 바뀌었다. 열정을 대체할 무기가 필요했다. 그 무기가 바로 습관인 것이다. 열정은 아름답다. 그러나 찰나의 불꽃과 같다. 길게 지속되지 않는다. 빨리 꺼지고 마는 불꽃을 믿고 사는 것은 무모하다. 언젠가는 열정이라는 마음의 연료가 바닥난다. 인간은 항상 변화하는 존재이기 때문이다. 영원한 청춘이란 없듯이 열정 또한 오랫동안 지속되지 않는다. 열정은 은행 잔고처럼 쓰면 사라진다. 열정은 쓰면 쓸수록 피로가 쌓인다.

반면, 습관은 오랫동안 지속된다. 습관은 열정에 기대지 않는다. 정신력이나 의지력으로 형성되는 것도 아니다. 내가 매일 15분, 한 시간 동안 집중한 행동이 빛나는 결과로 나타난다. 열정은 금방 고갈되지만 습관은 복리로 쌓여서 성취에 결정적인 영향을 미친다.

  인생은 길다. 젊음은 스치듯이 지나간다. 젊음과 열정으로 삶을 불태우는 시기는 짧다. 우리에게는 그 후에도 여전히 기나긴 삶이 남아 있다. 마음이라는 연료를 불태워야 하는 열정 말고 잔잔히 흐르는 물과 같은 습관을 지속해야 하는 이유다. 인생은 젊음과 열정으로 삶을 불태우는 청춘의 시기에 모든 것이 결정되지 않기 때문이다.

무모한 열정은
패배의 지름길

　한 분야의 대가가 되려면 영민함과 우직함을 동시에 지녀야 한다. 영민함은 탁월한 습관을 만드는 과정에서, 우직함은 그 습관을 오랜 시간 유지하는 힘에서 자연스럽게 배어나온다. 하지만 사람들에게는 습관의 중요성보다는, 열정이 곧 성공의 지름길이라는 인식이 더 크다. 열정보다 더 중요한 게 있다는 사실을 간과하는 것이다. 앞서도 말했듯이 인간은 의지가 약하기 때문에 열정을 발휘해도 생각만큼 성과가 나지 않으면 의욕을 잃어버린다. 열정은 과연 멋지기만 한 것일까? 빛이 강하면 그늘도 깊은 법이다.
　꿈을 꾸어본 자는 그 잔인함을 이해한다. 평생 잔인함의 소용돌이에 자신을 맡기지 말고 현실에 충실하자. **닿을 수 없는 꿈보다 소중한 것은 우리에게 주어진 오늘 하루다.** 죽어서 천국에 가는 게 꿈이라면 천국을 보장할 수 있을까? 천국에 다녀온 사람이 있다거나 천국을 과학적으로 증명할 수 없다면 지금 우리 삶에서, 오늘 하루를 천국으로 만드는 것이 현명하지 않은가. 그렇다고 대책 없이 욜로(YOLO)를 외치자는 건 아니다. 욜로만 추구하기에는 인생은 길고 나이가 들수록 책임은 늘어난다.

◆ ◆ ◆

인간의 삶이 하루살이가 아니라면 삶의 에너지를 아끼고 보존해야 하지 않을까? 에너지는 화수분처럼 끊임없이 샘솟지 않는다. 정작 에너지를 써야 할 일을 뒤늦게 발견했다면 이미 고갈된 에너지는 누가 보상해준단 말인가?

에너지를 현명하게 나누는 것은 고수의 경지다. 고수는 무작정 열정과 에너지를 불태우지 않는다. 적재적소에 필살기로 사용할 줄 안다. 고수의 관점으로 열정을 활용하자. 무모하게 이것저것 도전하는 건 결코 현명한 방법이 아니다. 에너지 누수를 방지하고 한정적인 에너지 자원을 최대한 한 점에 집중시키는 습관을 만들자. 최대한 힘을 빼고 막대한 에너지를 소모하지 않아도 되는 시스템을 삶에 이식하라.

열정은 시스템을 구축한 다음에 써도 늦지 않다. 무모하게 자신이 가진 한정 자원인 열정을 함부로 쓰기보다는 차가운 머리와 차분한 이성으로 습관 체계를 만들어두는 것이 지혜롭다. 열정은 의외로 빨리 식고 마음의 온도는 활화산처럼 다시 타오르기 힘들다. 열 길 물 속은 알아도 한 길 사람 마음은 모른다는 말이 있다. 인간이란 존재의 변화무쌍함을 비유한 표현이다. 어제와 오늘의 마음이 다른 것을 인정하라. 사람의 마음은 갈대처럼 흔들린다. 인간이므로 어제와 다른 내가 될 수 있고, 어제와 달리 마음이 돌아설 수도 있다.

식지 않는 열정을 유지하려면 역설적으로 열정을 발휘하지 않으면 된다. 마음은 뜨겁게 활활 타오르는 것보다 물처럼 잔잔해야 오래간다. 열정은 오랜 시간 지속되지 않는다. 무모한 열정은 곧 패배의 지름길이다. 이루고 싶은 것이 있다면 열정과 꿈은 서랍 속에 넣어두자. 과한 열정과 추상적인 꿈은 오히려 목표 달성에 큰 방해가 될 것이다. 한 마리의 불나방처럼 열정이라는 한정 자원을 패기 있게 써대며 이곳저곳 쑤시고 다니기보다 차분하게 오랫동안 지속되는 습관이라는 시스템을 축조하자.

우리가 진정으로 갈망하는 일은 열정에서 비롯하지 않는다. 습관에서 비롯한다. 열정은 삶이 될 수 없지만, 습관은 삶 그 자체이기 때문이다. 열정은 불꽃놀이 같은 이벤트다. 습관은 매일 우리가 마주하는 일상이다. 매일 불꽃놀이 같은 삶은 존재하지 않는다.

눈앞의 목표가
우리를 춤추게 한다

꿈이 너무 크게만 보여서 이룰 엄두가 나지 않는다면 세세하게 쪼개보자. 10년에 걸쳐 이루어야 할 꿈이라면, 꿈이라고 이름 짓지 말고 하나하나의 목표로 바꿔보자. 그래야 현실에서 15분이라도 움직이게 된다. 반드시 실현하고 싶은 인생의 과업이라면 하루아침에 이루어질 리가 없다. 가늠하기 어려운, 수많은 난관이 기다리고 있을 것이다. 죽이 되든 밥이 되든 부딪쳐봐야 그 결과를 알 수 있다. 죽이 되는 게 두려워서, 밥이 될 수 없는 쌀의 비애를 미리 걱정할 필요는 없다. 무엇이 되든 생쌀보다는 후회가 덜 남는다.

그렇다면 어떻게 눈앞의 목표를 설정하는 게 좋을까? 결심이 아무리 거창해도 명확한 목표가 없다면 실패로 돌아가기 쉽다. 결심만 열심히 할 것이 아니라 오늘 하루 달성할 목표를 세워야 한다. 20kg를 빼고 싶다는 막연한 생각 말고 한 달에 2kg를, 어떤 방법으로 감량하겠다는 구체적인 목표를 세워라. 마라톤 완주가 꿈이라면 오늘 15분만이라도 뛰는 걸 목표로 삼자. 히말라야 등정이 꿈이라면 뒷산에 오르는 것부터 시작하자. 이렇게 구체적인 목표를 매일매일 완수해 나가는 것이다. 하다 보면 어느새 마라톤을 할 만큼 체력이 붙고, 산행의 노하우도 차츰 쌓여갈 것이다.

현실에서 달성 가능한 목표를 세운다면 고민은 사라진다. 목표를 높게 잡아도 잘게 나누면 무엇이든 할 수 있다. 눈앞에 목표가 보이면 행동으로 이어진다. 몸을 움직이자. 목표는 단기 코스다. 작은 성공을 맛보면 점점 더 자신감이 생긴다.

SNS나 커뮤니티를 활용하는 것도 좋은 방법이다. 예를 들어, 내가 팔굽혀펴기를 두세 번 정도 하는 사람이라면 처음에는 서너 번을 목표로 하자. 그리고 목표를 달성하면 자신을 칭찬하는 의미로 SNS나 자신이 활동하는 커뮤니티에 인증샷을 올려보자. 분명 응원을 받을 것이다.

"열심히 하는 모습이 멋집니다, 응원해요, 같이 챌린지해요."

운동 기록도 남기고 기운도 얻었으니 다시 내일도 운동할 가능성이 커진다. 만약 단번에 근육을 만들겠다는 욕심으로 혼자 운동을 시작한다면 어떨까? 오래도록 이어갈 수 있을까? 포기해도 아무도 뭐라 하지 않으니 그야말로 작심 3일이 돼버리기 쉽다.

습관을 만들고자 할 때 사람들과 소통하고 공유하는 방법을 택하면 지속 가능성이 커진다. 인간은 사회적 동물이기 때문에 사람들 사이의 상호작용이 습관을 지속하는 데 강력한 원동력이 되기도 한다. 개인적 영역에 머물러 있던 의지를 사회적 영역에 연결시키는 것이다. 혼자 하는 일은 흐지부지되기 쉽지만 사람들과 같이 하는 일은 완수하기 쉽다. 비슷한 목표를 공유할 때는 더더욱 시너지가 생긴다. 이처럼 작지만 소소한 동기부여가 있다면 목표를 이루는 습관에 큰 도움이 된다. 돌 하나로 세 마리의 새를 잡는, 일석삼조의 효과를 보는 것이다.

눈앞의 현실적인 목표는 삶에 생동감을 부여하고, 몸을 움직여 목표를 실행하는 동기가 된다. 이렇게 15분씩 앞으로 나아가는 습관을 지속하면 노하우가 늘고, 실력도 배가된다. 그렇게 하다 보면 시간은 숙련이라는 선물을 선사하고, 크게만 느껴졌던 꿈도 눈앞의 현실이 된다. 이제 오늘 하루 무엇을 이룰 것인지 생각해보자. 글을 쓰고 싶다면 당장 자판을 두드려야 하고, 건강해지고 싶다면 운동을 해야 한다. 그 시간이 지루하고, 길게 느껴진다면 더도 말고 딱 15분만 움직여보자. 강력한 성취로 현재의 시간을 채우자.

◆ ◆ ◆

눈앞의 현실적인 목표는 삶에 생동감을 부여하고,
몸을 움직여 목표를 실행하는 동기가 된다.

열정, 제 풀에 나가떨어지는 에너지 뱀파이어

현실과 이상의 괴리에서 벗어나지 못할 것만 같은 기분이 들 때가 있었다. 내가 어떤 사람인지 몰랐고, 도전 경험이 모자라 실전에 대한 감각이 없으니 헛발질만 수없이 반복했다. 할 수 있는 일이 무엇인지 알아내려 무모한 용기를 내봐도 자주 번아웃이 됐다. 젊음의 패기 때문이었는지, 넘쳐나는 체력 때문이었는지 열정 하나만 믿고 꿈을 꾸는 사람이라는 프레임에 나 자신을 가둬 실패의 나락으로 떨어지고 말았다.

갈수록 꿈은 멀어져만 갔고 그럴 때마다 스스로를 쥐어짰다. 그렇게 10년을 보내고 나니 체력이 고갈돼 쉽게 피곤하고 지쳐갔다. 맹목적으로 꿈을 추구하며 극도로 열정을 발휘한 까닭에 퓨즈가 나간 상태가 되어버린 것이다. 아무것도 하고 싶지 않았다. 가만히 있어도 피곤했다. 어디서부터 잘못된 것인지 문제의 본질과 정면으로 마주해야 했다. 원인은 쉽게 고갈되는 열정이었다. 열정이 끓어오를 때는 우주의 폭발과도 같은 에너지를 갖고 있는 것 같아도, 쓰다 보면 고갈되는 건 당연한 수순이다. 평소에는 에너지를 저장했다가 필요한 순간에만 힘을 쓰는, 완급조절이 필요한 이유다.

  평생 열정을 발휘하고 살아야 한다면 그것만큼 끔찍한 일은 없을 것이다. 수명도 줄어들 게 뻔하다. 개인차는 분명히 있지만 우리가 지닌 에너지에는 한계가 있다. 열정은 그 가운데서 막대한 에너지를 소모시킨다. 프로 운동선수는 힘을 빼고 유연하게 움직이는 방법을 알아도 아마추어는 완급조절에 서투르다. 아직 프로가 되기 전 단계에서는 에너지 소모를 막아야 한다.

◆ ◆ ◆

  세상은 열정의 가치를 자주 폄하한다. 특히 젊은이의 열정에 대해서는 더욱 그렇다. 가격을 후려치는 건 예삿일이고, 툭하면 열정이 부족하다며 몰아세운다. 하다 하다 결국 지쳐 떨어져 나갈 때까지 이 악순환은 계속된다. 세상은 열정을 찬양한다. 너도나도 열정만 있으면 못 이룰 것이 없다고 한다. 그 때문에 희생되는 젊은이들을 낚으라고 한다. 아무리 젊고 생기 넘치는 시절이라 할지라도 에너지가 막대하게 들어가는 열정을 싼값에 팔아서는 안 된다. 세상이 열정을 포장하고, 열정을 빙자한 착취를 하려들어도 휘둘리지 않아야 한다.

어떤 일을 하고 싶거나 무엇이 되고 싶다면 열정을 발휘하는 일부터 해서는 안 된다. 100전 100패가 뻔하기 때문이다. 가진 건 열정뿐이라서 기진맥진 열정을 소모하고, 무분별하게 에너지를 쏟아붓는다면, 밑 빠진 독에 물 붓기나 다름없다. 결국 꿈과 현실 간의 거리를 좁히지 못한 채 제 풀에 나가떨어지게 될 가능성이 크다. 성취는 열정의 몫이 아니다. 성취는 습관의 몫이다. 대부분의 열정이 실패하는 이유는 그것을 뒷받침하고 지속할 습관이 몸에 붙기도 전에, 이미 열정으로 막대한 에너지를 소모해버리기 때문이다.

무모한 열정은 패배의 지름길이다. 열정은 시간과 에너지를 잡아먹는 에너지 뱀파이어라는 걸 깨닫는 순간이 올 것이다. 차가운 목표를 가진 사람은 뜨거운 열정을 가진 사람을 일찌감치 따돌리는 건 물론, 고갈되지 않는 체력을 유지한다. 과연 누가 승자가 되겠는가?

세상이 아무리 당신의 열정을 싼값에 후려치려고 해도 냉정해져야 한다. 아무리 무쇠 체력이라도 열정만으로는 5년도 버티기 힘들 것이다. 지속 가능한 열정은 현실에 존재하지 않는다. 열정은 습관이 붙은 다음, 가장 최후에 내밀 소중한 카드라는 것을 잊지 말자.

열정을 발휘하는 건 소중한 찬스다. 그 중요한 기회를 헛된 곳에 쓰지 말자. 그렇다고 매사에 시큰둥하라는 의미는 아니다. 순간의 과도한 열정은 에너지가 그만큼 급속도로 빨려 들어가니 아껴 써야 한다는 것이다.

꿈은 때론 이루어지지 않는 신기루이자 현실 도피처일지도 모른다. 추상적인 꿈을 꾸는 것보다 현실적인 습관을 만드는 것이 훨씬 쉬운 일이다. 불같은 열정보다 물 같은 습관이 오래간다. 불은 그 꽃을 오래 피워내지 못하고 쉽게 사그라든다. 하지만 물은 어디라도 흘러갈 수 있고, 오래간다. 결국 승리하는 사람은 불과 같은 사람이 아니라 물과 같은 사람이다. 불같은 열정을 내뿜는 사람보다 가늘고 길게 오래가는 사람이 역사의 승자로 남는다. 열정은 최후의 수단으로 소중하게 남겨두는 것이 현명한 길이다.

노래를 잘하는 가수는 목에 핏대가 서지 않고, 최고의 댄서는 유연하게 리듬을 탄다. 보는 사람이 불편하고 부담스럽다면 그건 열정만 가득한 불같은 아마추어다. 고수는 물 흐르듯 자연스러운 흐름을 타서 보는 사람도 편하게 한다. 무작정 열정을 발휘하면 기복은 필연적일 수밖에 없다. 인간의 시간과 에너지는 한정돼 있다는 사실을 받아들이면 오히려 마음이 편해진다.

또 하나, 우리는 항상 에너지의 소모보다 충전이 중요하다는 사실을 뒤늦게 깨닫는다. 주어진 에너지가 거의 모두 소진되고 방전

된 후에야 비로소 축적의 소중함을 알게 된다. 하지만 그때 이미 번아웃이 온 상태라면 소 잃고 외양간 고치기가 될지도 모를 일이다. 완급조절 없이 발휘한 열정에 내 삶이 너덜너덜 녹초가 될 수도 있다. 그런 우를 범하지 않으려면 매일 꾸준히 할 일, 지속 가능한 습관을 만드는 것이 급선무다. 인생은 길고 열정은 짧다. 말 그대로 벼락치기다. 조금씩, 꾸준히, 오래가는 습관을 곁에 두고 그것으로 나의 가치를 실현하자.

열정에도
유효기간이 있다?

　우리는 종종 불같은 사랑을 해서 결혼했지만 오래가지 못하는 경우를 본다. 그렇게 죽고 못 살 정도로 사랑하는 사이였는데 어째서 그런 일이 생기는 걸까? 그건 바로 열정에도 유효기간이 있기 때문이다. 우리가 누군가를 사랑할 때 뇌에서 생성되는 신경전달 물질 도파민(Dopamine)은 기분을 좋게 만드는 행복 호르몬으로 불린다. 행복을 느끼게 하고, 성취감을 고조시키는 역할을 하는 이 도파민의 유효기간이 길어봤자 3년이다. 결혼은 일상이다. 반짝 이벤트가 아니다. 그 때문에 오히려 온화하고 평온한 사랑이 오래가는 것이다.
　비단 사랑에만 해당되는 일일까? 다른 일도 마찬가지다. 불같은 열정을 발휘할 수 있는 기간은 한정적이다. 열정만 믿고 무언가를 시도한다는 것은 좋은 방법이라고 볼 수 없다. 무언가 결과를 내고 싶다면 열정이 아닌 다른 방법을 활용하는 것이 효율적이다. 습관이 바로 그것이다. 한계가 분명하고 개인차가 큰 열정보다 지속 가능한 습관 체계를 만드는 것이 바람직하다.

◆ ◆ ◆

　인생의 과업은 한순간에 이루어지지 않는다. 일찍 하루를 시작하는 것만 해도 보통 힘든 일이 아닌데 인생의 과업을 어떻게 하루 아침에 이루겠는가. 인생을 바꾸기 위해서는 하루를 어떻게 시작할지가 굉장히 중요하다. 하루를 알차게 보내고자 아침 6시에 기상하기로 결심한 적이 있다. 원래 9시쯤 기상하곤 했는데, 할 일이 많아지자 안 되겠다는 생각이 들어 아침 6시에 기상하기로 마음을 먹었다.

　억지로 수면패턴을 바꾸고, 아침 6시에 일어나자 그렇게 힘들 수가 없었다. 저녁 6시만 돼도 배터리가 방전된 것처럼 졸음이 밀려왔다. 물먹은 솜처럼 몸이 축축 처지고, 손 하나 까딱하는 것조차 힘든 나날이 한동안 지속됐다. 그러기를 6개월! 드디어 신체리듬이 아침 일찍부터 시작하는 생활에 적응하여 피곤하지 않고 활기찬 상태가 유지되었다.

　예민하고 날카로워 밤잠을 설쳤던 지난날은 가고, 숙면 시간이

길어지면서 생활에도 활력이 더해졌다. 이제는 완전히 습관이 몸에 배어 오히려 늦게 일어나면 하루 종일 찌뿌둥하다.

만약 내가 열정만으로 아침 6시에 몸을 일으켰다면 금세 예전 생활패턴으로 돌아갔을 것이다. 열정만을 앞세웠다면 하루만 실패해도 크게 좌절했을 것이다. 나는 그 대신 습관을 목표로 했다. 몸이 적응할 기간을 6개월 정도 두고, 성공과 실패를 반복하며 습관을 들였다. 그렇게 원하던 바를 이룰 수 있었다.

중요한 것은 한두 번 실패했다고 실망하지 않는 마음이다. 새로운 습관을 만들려면 시간이 필요하다. 하루아침에 이루어지는 일은 없다고 생각하는 것이 편하다. 마음이 편해야 새로운 습관을 받아들일 여유도 생긴다. 몇 번 실패했다고 자신에게 실망하지 말고 새로운 습관에 적응하려 애쓰는 자신을 응원하자. 아무렇지 않게 계속 도전하는 의연함을 갖자. 힘들게 매일 열정을 쏟아부을 필요도 없다. 하루 15분만 시도한다면 그것으로 충분하다. 15분이라도 시도한 자신에게 상을 주고 스스로 격려하면 된다.

열정이 과하면 실망도 덩달아 커진다. 습관 만들기는 장기전이다. 열정으로 감정소모를 한다면 기분은 롤러코스터를 타게 된다. 좋은 습관을 지속하려면 마음의 안정이 필요하다. 마음먹은 일은 많은데, 아침에 일찍 일어나는 일 하나조차 이루지 못했다고 자책

하기보다는 차분하게 자신을 타이르면서 매일 계속 시도하는 것이 답이다. 열정으로 해결할 수 있는 일은 금방 한계가 온다. 앞뒤 가리지 않고 무분별하게 열정부터 발휘하면 지속 가능성이 떨어질 수밖에 없다. 한두 번 실패하더라도 그럴 수도 있다는 마음을 갖는 게 중요하다. 너무 자신을 다그치거나 몰아세우지 말자. 그런 실패의 연속이 결국 내게 탄탄한 습관을 만들어줄 테니 말이다.

열정은 마법이 아니다. 특효약도 아니다. 그저 한순간의 불꽃이다. 하지만 있는 듯 없는 듯 조용히, 하루하루 좋은 습관을 쌓아나가며 얻은 힘에는 유효기간이 없다. **결과를 만들어주고 목표를 이루어준 것은 열정이 아니라 습관이다. 오늘의 나는 어제까지 내가 만든 습관이다. 내일의 나는 오늘의 내가 만든다.** 신기루처럼 소모될 열정이 아니라 오랜 시간 쌓아올린 습관의 힘이 오늘의 자신을 만든다. 오늘 하루를 충실하게 보내고 싶다면 좋은 습관을 가지면 된다. 인생을 충실하게 보내고 싶다면 하루하루 좋은 습관의 탑을 천천히 쌓아올려라.

◆ ◆ ◆

오늘의 나는 어제까지 내가 만든 습관이다.
내일의 나는 오늘의 내가 만든다.

기복과 열정의 상관 관계

　기복이 유독 심한 사람이 있다. 기복이 심한 사람은 한꺼번에 열정을 쏟는다. 문제는 그 열정이 오래가지 못한다는 데 있다. 불같은 열정을 다른 말로 하면 기복이다. 만일 어제까지만 해도 의욕이 넘치던 사람이 오늘은 기가 빠져 축 늘어져 있다거나 도맡아 하던 일도 제대로 해내지 못한다면 기복이 있는 것이다. 기복이 심한 사람은 열정은 있지만 습관으로 삶에 자리 잡지는 못한 상태다. 감정적이고 열정적인 사람은 기복과 함께하지만 이성적이고 현실적인 사람은 습관과 함께한다. 프로가 되려면 기복을 줄여야 한다. 완전히 기복이 없는 사람은 없다. 하지만 그 폭을 줄이고, 평준화를 이루고, 꾸준히 지속 가능한 습관이란 시스템을 만들어두면 오르락내리락하는 기복 없이 차곡차곡 역량을 쌓을 수 있다.

◆ ◆ ◆

　어제는 홈런을 쳤지만 오늘은 3타수 무안타인 타자보다 꾸준히 타석에서 1루타라도 치는 사람을 프로라고 한다. 그 1루타가 승패에 결정적인 영향을 끼치기 때문이다. 야구는 9회까지 진득하게 점수를 쌓아야 한다. 3타수 무안타보다 꾸준한 1루타가 중요한 이유다. 때로는 홈런보다 1루타를 꾸준하게 치는 것이 중요하다. 실력이 요동치면 타석에 설 기회도 없다.

　프로야구 하위권 팀의 성적에는 특징이 있다. 프로야구는 1년에 144경기를 소화해야 하는 장기전이다. 이 기나긴 싸움에서 이기려면 1번부터 9번 타자까지 골고루 타율이 좋아야 한다. 3번과 4번, 중심 타선에서만 홈런이 터진다고 우수한 팀 성적을 기대할 수 없다. 1번과 2번, 상위 타선과 8번과 9번, 하위 타선까지 실력이 고르게 분포돼 있어야 3, 4번 타자가 홈런을 칠 때 대량 득점으로 연결할 수 있다. 이렇게 장기 레이스에서 좋은 성적을 거두려면 꾸준한 실력이 필요하다. 어제 하위권을 맴돌던 팀이 오늘 이겨도 세간은 "얻어 걸렸다"고 하지, 실력으로 인정해주지는 않는다. 꾸준한 실력이 아니기 때문이다.

　일할 때도 마찬가지다. 어제는 세상에서 둘째가라면 서러울 정도로 열정을 발휘하던 사람이 오늘은 스스로를 컨트롤하지 못하고 업무에까지 영향을 끼친다면 어떨까? 또 어제는 세상을 다 가진 것처럼 행복한 표정을 짓던 사람이 오늘은 180도 달라진 모습으로 동료들을 혼란스럽게 한다면 어떨까?

만약 당신이 프로야구 감독이라면 이런 선수들과 함께 팀을 꾸리고 싶을까? 오락가락하는 기복으로 팀워크를 해치고 장점마저 갉아먹는 선수는 1군 무대에 오래 설 수 없다. 금방 와르르 무너질 것이 뻔한 사람과 누가 함께하기를 원하겠는가. 어제는 무리해서 열정을 발휘하는 데 에너지를 쏟고, 오늘은 부정적인 감정에 휘둘리는 데 에너지를 소모한다면 내일 써야 할 에너지가 없다. 모든 에너지가 오르락내리락하는 기복에 쓰여 방전돼버리는 것이다.

기복의 원인은 좋은 습관이 아직 몸에 붙지 않았다는 데 있다. 항상 잘해야 한다는 강박에 시달리며 자신이 지닌 가용 에너지를 한꺼번에 써버리는 열정 과잉과 기복의 악순환에 빠지기 전에 느긋한 마음으로 연습하고, 그 연습을 지속시키고, 하루라도 연습을 하지 않으면 허전할 정도의 탄탄한 습관을 만들자. 꾸준히, 오래, 지속적으로 좋은 습관을 유지하는 사람이 결국 홈런을 친다. 실력은 화르륵 치솟는 열정이 아니라 습관이 만든다. 기복 없는 단단한 실력을 만드는 지름길은 없다. 무엇이든 하루하루 꾸준하게 쌓아놓은 습관이 실력이 된다.

하지만 아무리 좋은 습관이라 할지라도 매일 빼먹지 않고, 긴 시간을 지속하기란 쉽지 않다. 나 또한 15년 동안 독서를 해오면서 온

갓 슬럼프를 경험했다. 어떤 날은 책이라면 쳐다보기도 싫은 적도 있었다. 그럴 때 무리해서 책을 읽다가는 완전히 질려버릴 것 같아 한동안 푹 쉬기를 택했다. 일주일이고 한 달이고 푹 쉬면 다시 글이 고파진다. 그렇다고 또 너무 오래 쉬면 독서하는 감각이 무뎌진다. 그래서 조금 쉬다가 하루에 100페이지씩만 읽기로 정하고, 정량을 읽으면 그대로 책을 덮었다. 이런 방법으로 조금씩 슬럼프에서 벗어날 수 있었다.

기복과 슬럼프는 반드시 찾아온다. 그 시기를 슬기롭게 넘기는 나만의 노하우도 필요하다. 꿈을 이루는 과정은 장기전이 될 가능성이 크기 때문이다. 슬럼프가 찾아오면 잠시 스스로를 다독이고, 목표를 되새기는 재충전의 시간이 필요하다.

혹시 자신이 기복을 타는 편이라면 질문해보자. 무슨 일이든 열정만으로 승부를 보려 하지는 않았는가? 확 달아올랐다가 훅 꺼지는 기복에 지친 경험이 많지 않은가? 기복의 원인을 파악하기보다는 더 많은 열정을 쥐어짜내려 하지 않았는가? 열정은 해답이 아니다. 열정만 불태우다 피로와 함께하는 삶이 될지도 모른다. 금세 사라지는 불같은 열정 말고, 크게 힘을 들이지 않더라도 오래가는 자유로운 물과 같은 좋은 습관을 가져보는 게 어떨까?

열정이 100도씨라면 그 일은 순식간에 자신을 지치게 할 것이다. 열정의 크기는 결과를 담보하지 못한다. 결과는 열정의 영역에서 만들어지는 것이 아니기 때문이다. 결과는 습관의 영역에서, 습관을 지속하는 힘에서 비롯한다. 막대한 에너지가 필요한 열정과 함께하겠는가, 힘 하나 들이지 않고 자연스럽게 행동하게 하는 습관과 함께하겠는가.

재능 탓하지 말고
습관을 탓하라

　누군가 큰 성취를 이루어내면 우리는 그 이유를 재능에서 찾는다. 하지만 당사자와 5분만 대화를 해보아도 알 수 있다. 그가 지닌 재능을 발화시킨 매개는 다름 아닌 습관이라는 것을 말이다. 재능은 흔하다. 주변에 재능이나 재주 하나 없는 사람을 찾아보기가 힘들듯이 사람은 누구나 재능을 가지고 있다. 그 재능을 뒷받침할 실력을 갖춘 사람이 드문 것뿐이다. 재능이 실력으로 발전하려면 시간이 필요하다. 쇠를 담금질하듯 재능을 습관으로 만들고, 삶으로 굳어지게 하는 과정을 거쳐야 한다. 이 기나긴 과정 때문에 많은 사람들이 중도포기를 하고 재능과는 상관없는 길로 들어선다. 그렇게 재능은 꽃을 피우지 못하고 사그라든다.

◆ ◆ ◆

유튜브 채널을 키우는 것도 습관의 결과물이다. 매일 콘텐츠를 기획하는 습관, 그것을 영상으로 찍는 습관, 자신의 채널을 객관적으로 모니터링하는 습관의 반복이다. 나는 2018년 여름에 유튜브를 시작했다. 처음엔 정말 죽을 맛이었다. 시청자 입장이었을 때는 별것 아닌 것 같았는데 막상 내가 유튜버가 되어보니 상상 이상의 중노동이 필요했다. 인디언 속담 중에 "남의 신발을 신고 걸어보지 않고서는 남을 판단하지 말라"는 말이 있는데 내가 딱 그 꼴이었다. 영상 한 편을 기획하고, 촬영하는 데 하루 온종일을 바둥거려도 만족할 만한 결과물을 얻기 힘들었다. 그래도 울며 겨자 먹기로 1일 1영상을 제작했다.

내가 특별히 성실하거나 열정이 넘쳐서 1일 1영상을 찍을 수 있었을까? 아니다. 영상에 재능이 있어서도 아니고 기획을 잘해서도 아니다. 마흔이 넘어서 유튜브라는 새로운 영상 플랫폼에 적응하는 것부터 인생 최대의 도전이었다. 그래도 나이 탓, 재능 탓은 하고 싶지 않았다. 재능 탓을 하자면 한도 끝도 없다. 장비 탓은 어디 끝이 있겠는가. 영양가 없는 나이 탓, 재능 탓은 그만두고 습관부터 만들기로 했다.

그렇게 2018년 6월부터 1일 1영상을 제작하면서 온갖 고생을 다 했다. 4개월 차가 돼서야 조금 숨을 돌릴 여유가 찾아왔다. 6개월이 지나자 유튜브라는 시스템과 플랫폼에 대한 이해가 생겼다. 그때부터는 1일 1영상을 제작하지 않아도 흐름을 파악할 수 있었다. 유튜브를 시작한 지 2년이 지난 지금은 이제 촬영 결과물만 봐도 조회수가 얼마나 나올지 가늠이 될 정도로 성장했다. 습관이 이렇게 무섭다.

만약 유튜브를 막 시작했을 때 조회수가 오르지 않는다고, 구독자가 늘지 않는다고 온갖 핑계를 대며 그만두었더라면 유튜브의 '유'자도 모른 채 평생 살고 있을지도 모를 일이다. 처음에는 무엇이든 다 어렵다. 재능이 아니라 재능 할아버지가 온다고 해도 좀처럼 늘지 않는 것이 실력이다. 실력과 습관은 세월의 무게를 견디지 않으면 내 몸에 붙어주지도 않는다. 죽이 되든 밥이 되든 1일 1영상을 찍어 올리고, 피드백을 받고, 댓글로 소통하고, 다음 영상을 준비하는 과정을 통해서 유튜브 시스템에 완전히 녹아들 수 있었다. 이제 유튜브라는 플랫폼은 내 삶의 한 부분이 되었다.

처음 시계 보는 법을 배웠던 날이 떠오른다. 7살 유치원생, 꼬꼬마 시절의 나는 아빠에게 시계 보는 법을 배웠다. 당연히 처음부터 빠르고 정확하게 시계를 보진 못했다. 시계 보는 법을 터득하기 위해 꼬박 2박 3일 동안 눈만 뜨면 시계를 바라보고 몇 시, 몇 분을 외치며 부단히 애를 썼다.

2018년의 유튜버 꼬꼬마 시절이 그때와 같았다. 가장 힘들었던 건 영상이라는 매체에 대한 이해였다. 글만 써오던 내가 영상으로 생각을 표현하고, 콘텐츠를 제작한다는 게 익숙지 않아 하나하나가 다 고생이었다.

스스로를 많이 다그쳤다. 분명 힘들면 흐지부지하다가 그만둘 것이 뻔하기 때문에 도저히 그만둘 수 없는 시스템도 마련해둬야 했다. 그래서 장비부터 사들였다. 과거의 습관을 돌이켜보면, 나는 투자를 크게 해야 끝을 보는 행동패턴이 있다. 장비는 사는 순간 감가상각이 되기 때문에 적자를 보지 않기 위해서는 유튜브에 매진하는 수밖에 없었다. 유튜브로 끝장을 보지 않으면 그만둘 수 없는, 빼도 박도 못하는 시스템을 만들어버린 것이다.

방 안을 가득 채운 장비들을 보며 나는 다짐했다. 장수가 칼만 차고 다니면서 무 한 덩이도 못 써는 상황은 절대 만들지 않으리라. 그렇게 1일 1영상을 올리자는 습관을 다졌다.

날 때부터 재능을 타고난 사람은 분명히 존재한다. 어린 시절에는 재능만으로 승부를 볼 수 있지만 어른이 된 이후의 삶은 습관이 결정한다. 재능을 실력으로 만들고, 격차를 벌리는 것은 습관의 결과물이다. 물론 이 모든 과정이 쉽지는 않다. 이제까지 내가 알고 있던 세계가 무너지고 낯선 세계의 밑바닥에서부터 시작해야 할 수도 있다.

재능을 극복할 수 있는 것이 습관이다. 습관은 재능을 이긴다. 지금 좋은 습관이 있어도 그 성과가 눈에 띄지 않을지도 모른다. 습관의 진가는 시간이 지날수록 빛난다. 또 눈덩이처럼 불어나는 특징이 있어서 전략적으로 관리하면 시간이라는 시스템이 결과를 증명해준다. 좋은 습관이 뒷받침되지 않은 재능은 얕은 재주에 불과하다. 재능은 흔하지만 실력이 드문 이유는 습관을 만들고, 그 습관이 몸에 배어드는 시간을 이겨내는 사람이 드물기 때문이다. 인고의 과정을 견디고 마침내 습관을 내 것으로 만든다면 탁월한 실력으로 빛나는 성취를 이룰 수 있을 것이다.

PART 3

꿈을 추억할 것인가,
실행할 것인가?

15

꿈은 나중에 추억할 일이 아니라
지금 당장 실행할 일이다.

꿈에 살지 않는 삶

꿈을 꾸지 말라. 꿈보다 오늘 하루를 의미 있게 사는 것이 중요하다. 지금 이 하루, 앞으로 15분에 집중하자. 망설이지 말고 해야 할 일을 하자. 언제부턴가 세상은 우리에게 꿈을 강요하고 있다. 세상이 개인에게 꿈을 강요하다 보면 상대적으로 현실이 비루해 보이기 마련이다. 하지만 우리의 현실은 결코 초라하지 않다. 꿈을 강요하는 분위기 때문에 그렇게 보일 뿐, 내 인생과 내 하루는 소중하다.

꼭 커다란 꿈만 의미 있는 것일까? 남들이 보기에 멋들어진, 그럴싸한 꿈 하나쯤은 있어야 하는 걸까? 지금 내가 살아가고 있는 소박한 일상은 꿈에 비하면 비루한 것일까? 아니다. 내가 지금 발을 딛고 있는 일상은 몽상 같은 꿈보다 훨씬 소중하다. 그러니 꿈이 없다고 해서 괴로워할 필요도 없다. 꿈의 실상은 판타지다. 일상이 꿈인데 왜 굳이 꿈을 꾸어야 하겠는가? 일상이 꿈이라면 굳이 꿈을 꿀 필요가 없다. **현실에 충실하다 보면 언제든지 꿈을 현실로 만들 수 있다. 더 이상 꿈이라는 허망한 주술에 걸려 고통에 몸부림치지 말자.**

꿈이라고 하면 무조건 창대하고 번듯해야 하는 걸까? 반드시 그런 거대한 꿈을 가져야만 행복해질 수 있는 것은 아니다. 오히려 인간을 불행하게 만드는 요인이 되기도 한다. 꿈이 있어야 한다는 고정관념으로 인해 하루하루가 조급할 필요는 없다. 꿈도 열정처럼 실제보다 훨씬 이상적으로 부풀려진, 현실 저 너머의 세계에만 존재하는 것일지도 모른다. 꿈이 없다고 슬퍼할 필요도 없고, 꿈이 없다고 스스로를 한심하게 여길 필요도 없다. 꿈은 그저 꿈일 뿐이다. 꿈에 너무 큰 의미를 두지 않아도 된다. 사람이 어떻게 매일 꿈만 꾸고 살 수 있겠나? 꿈 때문에 우울할 필요도, 꿈으로 도망갈 필요도 없다. 모두가 꿈이라는 허상을 쫓아간다면 현실은 누가 지탱하겠는가?

오지도 않은 내일이나 지나가버린 과거보다 바로 앞의 15분을 소중히 여기는 사람은 꿈에 매달리지 않는다. 그 꿈을 이루기 위한 오늘 하루치의 목표에 집중한다. 꿈보다 더 중요한 건 현실에 충실하고 오늘 해야 할 일을 끝내는 것이다. 맹목적으로 꿈만 바라보지 말고 오늘 하루를 차근차근, 충실히 보내는 것에 집중하자.

◆ ◆ ◆

　작가는 모두 글 쓰는 습관이 있는 이들이다. 작가는 되고 싶은데 글쓰기는 귀찮다는 사람은 작가가 될 수 없다. 날마다 글을 붙들고 씨름하는 시간이 절대적으로 필요한 것이 바로 작가다. 내가 손을 뻗어 노트북을 열고, 직접 머리를 싸매고 고민하는 시간이 쌓여야 글감도 나타나고, 글을 쓰는 근육도 붙는다. 작가가 되겠다는 멋들어진 꿈만 꿀 것이 아니라 글을 쓰고, 그것을 지속적인 습관으로 만들어야 하는 것이다.

　인생이라는 현실을 충실하게 보내지 않는 사람이 큰 꿈을 꾼들 이룰 수 있을까? 현생에서 이루지 못한 일을 천국 가서 이룰 수 있을까? 아니다. 지금 당장 하지 않는 일이라면 미래에도 하지 않는다. 지금 해야 할 일을 자꾸 미래의 나에게 맡기지 말자. 행동은 하지 않고 허황된 꿈만 꾸는 건 정신적 도피나 다름없다. 오늘 하루 자신에게 주어진 일상을 아름답게 살아야 도달할 수 있는 것이다. 과거는 이미 흘러갔으며 미래는 아무것도 보장되지 않은 상태다. 현재를 살자. 꿈으로 도망가지 말자. 꿈을 꿀 시간에 발 뻗고 잠이나 자자.

　습관은 목표를 현실로 이루어지게 한다. 세상에 그 어떤 목표도 평소에 쌓아둔 습관과 실력이 없이는 이룰 수 없다. 오늘 당장 꿈을 외치기보다 평범한 현실의 시간에 무엇을 하고 보냈는지 점검해보자. 멋지고 화려한 꿈이라는 달콤함에 취해 오늘 하루는 망상에 빠져 보내고 있지는 않았는가? 손에 잡히지 않는 꿈보다 오늘 하루 작은 습관을 만들어 15분만이라도 충실하게 보내는 편이 정신건강에 이롭다.

꿈이 너무 크면 꿈 뒤로 숨기가 쉽다. 꿈이 클수록 한 발자국 떼기가 어렵다. 너무 멀고 어렵게 느껴지기 때문이다. 인간은 부담이 되면 도망치는 본능이 있다. 꿈 뒤로 숨기는 쉽지만 오늘 하루 현실에 충실하기는 어려운 이유다. 꿈이 현실을 옭아매고 내 삶을 불행하게 만든다면 꿈 따위는 저 멀리 치워버리자. 눈앞에 있는 허상은 발로 힘껏 차버리자.

시작도 전에 꿈이라는 거대함에 압도당하지 말고, 차근차근 작은 것부터 제대로 해내는 습관을 기르자. 하나를 잘 해내야 둘을 잘 할 수 있다. 자, 이제 선택할 시간이다. 이루지 못할 허상을 쫓아다닐 것인가? 아니면 오늘 내가 할 수 있는 일을 잘 해낼 것인가? 몽상가는 돈 한 푼, 밥 한 톨 얻어먹기 힘들지만 현실에 충실한 자는 자신을 성장시키고 가치를 드높인다. 작은 것을 잘해야 큰일을 해낼 수 있다. 작은 승리의 경험도 없는 사람이 어떻게 큰 승리를 할 수 있단 말인가. 꿈을 꾸다가 현실 도피를 하느니 당장의 현실에 충실하자.

◆ ◆ ◆

현실에 충실하다 보면 언제든지 꿈을 현실로 만들 수 있다.

일상을 천국으로
만드는 재주

일상을 꿈같이 살자. 그러면 꿈을 꿀 필요가 없어질 테니. 목표를 쉽게 완수하는 사람들의 특징은 목표를 일상으로 만든다는 것이다. 꿈을 꾸는 것보다 더 중요한 것은 우리의 일상을 충실하게 가꾸려는 마음이다. 일상이란 정원에 어떤 꽃을 피울지, 어떤 열매를 키울지는 온전히 오늘 하루에 달려 있다.

일상을 소중하게 여기는 사람은 과정 하나하나를 중요하게 여긴다. 결과는 과정을 착실하게 밟아나간 사람이 얻는 트로피다. 그 과정에서 이루어지는 것이 성장이다. 만약 과정 자체에서 더없는 기쁨을 느낀다면 일상을 천국으로 만드는 재주가 있는 사람이다. 마음이 지옥에 있는 사람은 천국에 가도 지옥을 만들고, 마음이 천국에 있는 사람은 지옥에 가도 천국을 만들어버린다.

우리의 일상은 소중하다. 일상이 모여 삶이 되기 때문이다. 가장 소중한 것은 일상에 있다. 여행이나 이벤트보다 훨씬 소중한 것이 평범한 일상이다. 우리는 종종 일상을 벗어나 여행을 떠난다. 일상에 활력을 불어넣고 몸과 마음을 재충전하는, 우리에게 꼭 필요한 시간이다. 그런데 주객이 전도될 때가 있다. 일상이 있고 여행이 있어야 하는데, 그 반대가 되는 것이다. 여행만 기다리며 일상은 의욕 없이 보낸다. 여행만 기다리며 일상에서 무엇을 시도하려는 마음이 없다.

하지만 삶은 99.9%가 일상으로 이루어져 있다. 여행은 빛나고 일상은 누추한가? 1년 동안 세계 오지 여행을 하겠다고 회사까지 관두고 떠난 전 직장동료는 여행을 떠난 지 석 달 만에 귀국했다. 이유를 물어보니 온갖 새로운 경험이 가득한 오지 여행도 일상이 되자 지겨워졌기 때문이라는 대답이 돌아왔다. 여행도 일상이 되면 빛을 잃는다. 내가 어디에 있든 무얼 하든 중요한 건 일상을 소중히 대하는 마음가짐이다.

◆ ◆ ◆

실제로 이룬 것이 없는 사람일수록 이벤트를 손꼽아 기다린다. 마치 손에 닿지 않는 꿈을 쫓듯이 말이다. 일상을 소중하게 여기면 이벤트는 저절로 따라붙는다. 인간이 태어나서 1년의 일상을 온전하게 잘 보내면 돌잔치라는 이벤트가 있듯이 말이다. 매일 이 하루를 충실하게 보내지 않으면 성장하지 못한다. 좋은 습관으로 일상을 보내는 사람에게는 좋은 결과가 찾아온다. 큰 이상만 바라보면 일상이 시시하고 초라해 보일 뿐이다. 앞서 말했듯 꿈은 거대해서 그 뒤로 숨기가 쉽다. 나는 큰 꿈이 있는 사람이라며 작은 과정들을 무시하다가 결국 꿈도, 그 어떤 무엇도 이루지 못한 채 방황하게 될지도 모른다.

원래 큰 것이란 작은 것으로 이루어져 있다. 큰 것은 작은 것에서부터 출발한다. 하루 15분을 우습게 여기는 사람은 150분을 활용하지 못하며, 15년이란 긴 시간이 주어져도 제 것으로 만들어 쓰지 못한다. 15년이란 세월은 크나큰 목표를 이루는 데 충분하지만 15분이 모여서 15년이 된다는 것을 깨닫지 못한다면 무용지물이다. 크게 되고 싶다면 작게 행동하는 것부터 몸에 익어야 한다.

좋은 습관을 만들어 일상에 적용하고 목표를 이루어나가는 것은 훌륭한 기초체력을 다져놓는 일과 같다. 결코 쉬운 일은 아니다. 지금 당장 나가서 아파트 계단을 끝까지 올라가보자. 반도 오르지 못하고 지쳐서 주저앉는 사람이 태반일 것이다. 기초체력 없이는 어떤 운동도 오래 지속할 수 없다. 좋은 습관도 마찬가지다.

70% 완성은
완성이 아니다

　무슨 일을 하든 대충대충, 설렁설렁하거나 조금만 어려워도 도망가기 급급한 사람이 있다. 독서 모임은 책이 주제다. 그런데 독서 모임에 참여할 때 지정 도서를 읽지도 않고 오는 사람이 꼭 있다. 일단 읽긴 읽었다는데, 시간이 없기도 하고 책이 너무 어려워서 앞부분만, 70%만 읽었다고 한다. 하지만 습관 하나를 보면 열을 알 수 있다. 습관은 곧 삶과 일을 대하는 태도이기 때문이다. 자발적으로 참여하는 모임에서도 제 할 일을 다 못 하고 참가하면서 다른 일이라고 야무지게 할까? 혹시 모든 일을 '이 정도면 되겠지. 적당히 하자' 같은 태도로 일관하고 있는 건 아닌지 생각해볼 문제다. 습관 자체가 잘못 형성됐을 수도 있다.
　직장생활에서도 이런저런 이유를 들며 업무를 다 끝내지 못했다고 한다면 어떨까? 아무도 그 사람과 같이 일하고 싶지 않을 것이다. 상사나 동료가 자신을 나무라고, 서로 얼굴을 붉히는 일이 잦아지면서 업무 스트레스가 심해질 것이다. 돌아보면 제 몫으로 완벽하게 끝낸 일이 없으니 자신감과 자존감도 떨어질 것이다. 좋은 습관은 높은 자존감과도 연관이 있다. 어떤 일을 하더라도 착실하게 임하는 습관이 있다면 자신에 대한 좋은 믿음도 생긴다.

◆ ◆ ◆

이제 나는 어떤지 한번 생각해보자. 70%만 완성해놓고 만족하는 나쁜 습관이 있지는 않은가? '할 만큼 했어. 거의 완성한 거나 다름없네' 하며 손을 놔버리지는 않나? 만약 그렇다면 그 습관을 몰아내고 좋은 습관을 들일 차례다. 70%가 아닌 100%에 도달하기 전까지는 하던 일을 멈추지 말자. 100% 완수라는 좋은 습관을 생활 전반에 장착하자. 완벽주의가 아니다. 해야 할 일을 제대로 끝마치는 습관의 문제다.

습관은 인생 그 자체다. 70%에서 100%까지는 멀지 않다. 나쁜 습관에서 좋은 습관으로 이동하는 데 30%의 여력만 더하면 되는 것이다. 그렇게 하루하루를 100% 충실히 보낸다면 매사에 자신감이 생기고 만족도도 올라갈 것이다.

끝까지 완수하는 습관이 있는 사람은 일이 끝나기 전에 절대 그만두지 않는다. 일을 맡길 때마다 완성도 있는 결과물을 가져와 주변의 신뢰를 얻는다. 주변 사람에게 신임을 얻고, 일감도 몰린다. 반면에 70%에서 멈추는 것이 습관이 된 사람에게는 일을 맡기지 않는다.

쉴 때는 쉬고, 일할 때는 일하라! 어정쩡하게 쉬지도 못하고, 그렇다고 일도 제대로 하지 못하는 애매한 태도보다는 백번 낫다. 100% 야무지게 완수하는 습관이 몸에 붙으면 애써 힘들이지 않고도 100%를 달성하게 된다. 바쁜 사람에게 일을 맡기는 것이 가장 빨리 해결된다는 말이 있듯 업무 처리도 습관이라는 시스템이 결정한다. 그리고 기회는 이렇게 끝까지 책임감 있는 좋은 습관을 가진 사람에게 찾아온다.

과거 추억형? 현재 진행형?
꿈을 오늘의 현실로 만드는 방법

　만화를 그리는 재주가 특출난 친구가 있었다. 어디에서 배운 적도 없는데 그림체가 독특하고, 표현력이 뛰어나 이미 일찍부터 여러 편의 단편을 작업한 이력도 있었다. 꿈도 만화가가 되는 것이어서 대학도 애니메이션 관련 학과에 진학했는데, 중간에 생계 때문에 잠시 휴학을 하고, 판매직으로 취업한 뒤에도 자신의 꿈을 저버리지 않았다. 여유가 생기면 곧바로 다시 만화를 그리겠다며 아주 잠시 꿈을 미뤄두었다.

　그 후 20년이 지난 지금, 생계가 안정이 되고 시간 여유도 생겼지만 친구는 다시 만화를 그리지 않는다. 그 친구뿐만 아니라 뛰어난 재능을 가진 다른 친구들도 마찬가지다. 그중에 만화가의 꿈을 이룬 친구는 아무도 없다. 20년 전의 친구들에게 물어보고 싶다. 아직 예전 그 꿈을 꾸고 있는지 말이다. 20년 전에 이미 완성형이었던 그녀들의 빛나는 재능은 왜 현재 진행형이 아닌 과거 추억형이 됐을까?

내가 가진 재능을 현재 진행형으로 만들 방법은 무엇일까? 해답은 단순하다. 내일이나 다음 달로 미루지 말고 지금 당장 15분을 활용하면 된다. 그러면 타고난 재능이 빛을 볼 수 있다. 만화가를 꿈으로만 미뤄두지 말고 오늘 그리면 된다. 내일은 늦는다. 다음 달은 상황이 또 달라질지 모른다. 굳은 펜촉을 풀고 묵은 스크린 톤을 꺼내 오늘 당장 만화를 그리면 된다. 꿈을 오늘의 현실로 만들자.

미루는 것도 습관이 된다. 한두 달 미루다 보면 평생을 미루게 될 수도 있다. 아무리 하고 싶은 일이라도 오늘 당장 하지 않으면 수십 년이 지나도 여전히 제자리걸음이다. **평생 꿈꿔온 프로젝트가 있는가? 이름부터 바꾸자. '평생 꿈꿔온 프로젝트'가 아닌 '오늘부터 매일 15분씩 실행하는 프로젝트'로 이름 붙이자.**

◆ ◆ ◆

꿈이 있다고 말하는 사람은 많다. 하지만 정작 꿈을 이룬 사람은 드물다. 주변을 둘러보라. 자신의 꿈을 이루고 사는 사람이 있는가? 꿈이 있지만 실상 그 꿈이 너무 멀게 느껴져 그저 꿈으로 남겨두는 사람이 대부분이다. 내게도 그런 꿈이 있다면 우선 작은 목표들로 쪼개보자. 꿈이 너무 거대하면 꿈을 10등분을 하자. 그 10등분을 또 10등분으로 나누자. 그러면 오늘은 무엇을 해야 하는지 답이 나온다.

자신이 하루에 꿈을 향해 얼마만큼의 시간을 할애할 수 있는지 정확히 파악하고 있어야 한다. 그래야 꿈과 현실 사이의 거리가 정확하게 나온다. 꿈과 현실 사이의 거리가 멀어도 괜찮다. 처음엔 당연히 멀 수밖에 없다. 그러면 꿈으로 가는 길의 지도를 펼쳐 오늘은 꿈을 향해 얼마나 걸어갈 수 있는지 발걸음을 측정해보자.

처음 시작할 때는 작게, 좁은 보폭으로 가자. 그래야 목표로 가는 긴 여정에서 지치지 않는다. 100일이 지나고 몸이 익숙해졌을 때쯤 보폭을 좀 더 넓혀보자. 더 성큼성큼 걸어도 무리가 없는지 확인해보자. 무리가 없다면 보폭을 더 크게 넓혀보자. 6개월 후에는 어떻게 될까? 자신의 속도를 찾는 것은 물론, 매일 하나씩 목표를 달성하는 우직한 습관도 몸에 붙을 것이다.

"여유가 되면 할 거야, 환경이 되면 할 거야, 나중에 시간이 나면 할 거야."

이런 말들로 지금 해야 할 일을 미루는 동안 꿈은 점점 더 멀어진다. 자꾸 미루다 보면 젊은 시절의 한낱 꿈으로 남는다. 기억하자. 꿈은 나중에 추억할 일이 아니라 지금 당장 실행할 일이다.

완벽함이라는
함정

    우리는 어떤 일을 시도할 때 완벽한 타이밍과 완벽한 준비가 되기 전에는 시작조차 하지 않는 경우가 있다. 하지만 완벽한 타이밍이란 아주 드물다. 완벽한 준비가 될 때라면 이미 너무 늦었을지도 모른다. 완벽함이라는 늪에 빠져 갈팡질팡하기 전에, 무리하지 않는 선에서 작은 시도라도 시작해보는 것이 어떨까?

    나는 내가 글을 잘 쓴다고 생각한 적이 없다. 그저 독자들에게 전하고자 하는 메시지가 있고, 그 메시지를 문장이라는 형태로, 책이라는 형태로 전달하기 위해 글을 쓴다. 모든 것이 완벽해질 때까지, 문장의 신이 되는 그날까지 기다린다면 여든이 돼도 책 한 권도 쓰지 못할 거라는 생각에, 전하고자 하는 메시지가 생기면 바로바로 문장으로 옮길 뿐이다. 내가 깨달은 건 잘하고, 못하고는 중요하지 않다는 것이다. 하고 싶은 일을 지금 즉시 시작한다는 것이 중요하다.

세상에 '완벽함'이라는 것이 과연 존재할까? 인간은 완벽함을 쫓는 존재이지만 완벽한 인간이란 단 한 명도 없다. 세상에 존재하지도 않는 완벽함을 쫓느라 세월을 흘려보내기에는 오늘 하루, 바로 이 순간이 너무나 소중하다. 우리는 얼마나 많은 시간을 완벽함이라는 허상을 쫓으며, 완벽함의 신이 깃들기를 기다리고만 있을까?

못해서 안 하는 게 아니라 안 해서 못 한다. 혹시 지금 무언가를 시작하고 싶은가? 노래, 춤, 독서, 글쓰기, 유튜브 이 모든 것을 처음부터 잘하는 사람은 없다. 오늘 하루 24시간을 투자해도, 한 달을 몽땅 바쳐도 힘들지도 모른다. 우리가 하고 싶은 모든 일을 잘 해내야 할 필요는 없다. 우리는 그저 좋아하는 일을 하루 15분이라도 하는 것이 행복할 뿐이다.

◆ ◆ ◆

작가가 아무리 글을 쓰기 힘들어도 하루에 글을 쓰는 데 15분도 할애하지 않는다면 그건 작가라고 할 수 없다. 하루에 15분도 춤추지 않는 사람을 안무가라고 할 수 없다. 하루 15분이 내일의 15분을 만들고, 일주일 후에는 한 시간을 만들고, 한 달 동안 450분을 만든다. 450분은 7시간 30분이라는 결코 작지 않은 시간이다.

완벽한 타이밍을 기다리느라 하루 15분의 시간도 의미 있게 쓰지 못한다면, 한 달에 7시간 30분이라는 시간을 놓치게 되는 것이다. 완벽함은 기다린다고 오는 것이 아니라 하루하루 내가 조금씩 키워나가는 것이다. 어제의 나와 꾸준한 차이를 만드는 것에서부터 시작한다.

   공부하고 싶은 분야가 있다면 가볍게 자료를 모아두는 것부터 시작해보자. 내가 블록체인이나 가상화폐에 대해서 마스터하고 싶다면 하루 15분 정도 정보를 정독하고 스크랩해보자. 한 달이면 상당한 정보가 쌓일 것이다. 하루 15분씩, 한 달간 지속했다면 그 분야에 대해서 아무것도 모르던 상태에서, 해당 분야의 흐름을 파악할 수 있을 정도의 데이터가 모였을 것이다. 만약 귀찮아서 아직 시작조차 하지 않고 있다면 딱 15분만 하고 그 일에서 손을 뗀다고 마음먹자. 매일 그렇게 15분을 투자해보자. 하루 15분이 놀라운 누적효과를 낳을 것이다. 언젠가 저 분야를 공부해야겠다는 막연한 생각만 말고 당장 하루 15분을 그 분야에 투자하자.

   완벽주의는 허상이다. 완벽을 바라면 시작을 미루게 된다. 당연히 그만큼 완성도 미루게 된다. 세상에 존재하지도 않는 완벽을 추구하면서 힘만 쓰고, 기만 빨린 채, 시작도 끝도 맺지 못하는 고착 상태에 빠진다. 흐지부지 아무런 결과도 내지 못하고 어영부영 시간만 흘러간다. 마냥 기다리기엔 청춘은 결코 나를 기다려주지 않는다.

글을 쓸 때 영감이나 뮤즈가 찾아오길 바라면 한 문장도 쓰지 못할 것이다. 글쓰기는 의외로 체력전이다. 뇌의 무게는 1.4kg에 불과하지만 에너지는 몸 전체의 20%를 소모한다. 꾸준하게 글을 쓰는 건 재능이 아니라 체력으로 하는 것이다. 평소에 체력이 좋아야 글을 오래 쓸 수 있다. 그렇지 않으면 금방 나가떨어진다.

완벽한 환경과 완벽한 때는 자신이 만들어가는 것이다. 완벽한 타이밍을 기다리는 데 쓰던 에너지를 올바른 곳에 사용하자. 현실에서 성과를 내고 싶다면 자신의 완벽하지 않은 부분을 인정하고, 사랑하고, 보완하는 데 쓰자. 인생에는 언젠가 겨울이 찾아온다. 해가 지고 혹한이 다가와도 완벽한 때를 기다리고 있을 것인가? 그러다 청춘은 창밖의 새처럼 날아가고 머리에는 새하얀 서리가 내린다. 수동적으로 때를 기다리지 말고 능동적으로 때를 만들어라.

시련! 습관을 만드는 최적의 타이밍

가끔 사람들이 내게 묻는다.

"어떻게 그 많은 책을 읽을 수 있었어요?"

솔직히 말하자면 나는 원래 책을 읽는 사람이 아니었다. 읽어도 1년에 한두 권이 다인 초라한 독서력을 지닌 사람이었다. 이런 내가 어떻게 한 달에 50권 이상 읽는 독서가로 변할 수 있었을까? 위기 때문이었다. 사람은 살면서 한 번은 시련을 맞는다. 내게도 그런 위기가 찾아왔고, 그것이 내 삶이 변화한 결정적인 계기가 됐다.

위기가 닥치자 나는 스스로를 돌아보는 시간을 가졌다. 무엇이 잘못됐는지, 무엇을 바꿔야 하는지 나 자신의 나쁜 습관에 대해 객관적으로 바라보며 좋은 습관을 장착하자는 다짐을 했다. 그 좋은 습관 중 하나가 바로 독서였다. 어려울 때일수록 마음을 닦으라 했던가. 마음 수양에 가장 좋은 독서라는 습관이 위기를 통해 나에게 찾아온 것이다.

위기는 기회다. 위기는 변하지 않으면 살아남지 못한다는 중요한 메시지를 담고 있다. 위기가 찾아온 원인을 파악하는 시간은 인생에서 가장 큰 기회가 될지도 모른다. 위기 자체가 자신의 인생을 객관적으로 바라볼 수 있는 기회이기 때문이다. 위기가 클수록 통찰력이 커진다.

◆ ◆ ◆

습관이 바뀐다고 삶이 극적으로 변화하는 것은 아니다. 습관은 오랜 시간을 두고 쌓아올리는 운명이기에 단기간에 결과가 나타나지 않는다. 삶은 쉬지 않고 변화하고 흐른다. 인간의 목숨이 붙어 있는 한 삶은 끊임없이 변화한다. 태어나면 죽을 것이고, 젊다면 늙을 것이며, 흥한다면 망할 수 있고, 망한다면 흥할 수 있다. 이것이 변화다. 변화는 어떤 조짐이 반드시 동반된다. 작은 조짐은 습관이 쌓여 나타난 결과이다. 지금 당신에게는 어떤 조짐이 보이는가?

위기는 또한 사람을 대하는 습관에 대해서도 알려준다. 내가 위기에 처했을 때 도와주는 사람이 있는가, 없는가로 나뉜다. 평소에 다른 사람을 정성스럽게 대했다면 분명히 누군가 나를 도와줄 것이다. 하지만 다른 사람에게 무례했다면 더 큰 몰락이 시작될 것이다. 아무도 그를 도와주는 사람이 없기 때문이다.

마음의 변화는 행동으로 나타난다. 마음의 변화가 쌓인 것이 바로 습관이다. 습관을 보면 그 사람이 어떤 마음을 쌓아왔는지를 알 수 있다. 세상을 진심으로 대하고자 하고, 타인에게 예의를 갖추는 사람이라면 행동부터 다르다. 그런 좋은 마음이 오래 지속된 것이라면 습관으로 몸에 익어 밖으로 드러나게 된다. 반면, 세상을 속이려 하고, 타인에게 무례하기 그지없는 마음을 가졌다면 나쁜 습관이 몸에 익어 행동으로 드러나게 된다.

이것이 눈빛에 드러나고, 낯빛으로 표현된다. 정성스러운 마음을 가진 자는 낯빛이 밝고 목소리가 맑으며, 음흉한 마음을 가진 자는 낯빛이 어둡고 목소리도 탁하다. 흉한 마음은 반드시 표정에 드러난다. 마음의 습관이 인상을 만든다. 마음의 생각은 세월을 거쳐 얼굴에 새겨진다. 놀라운 것은 세상과 타인을 대하는 태도가 곧 자기 자신을 대하는 태도이기도 하다는 것이다.

하루 15분이라도 눈을 감고 자신이 세상을 어떻게 대하는지 성찰하는 시간을 갖는다면 어떻게 될까? 좋은 습관은 나에 대한 신뢰가 바탕이다. 나를 믿어야 세상의 신임도 따라온다. 스스로 자신의 삶을 성찰할 줄 아는 사람이라면 어떤 위기가 닥쳐도 원인을 파악하고, 그에 대응하며, 새로운 기회를 만들 수 있다. 하루에 단 15분의 명상으로도 말이다.

송나라의 천재 학자 왕필은 "곤경에 빠진 사람은 반드시 형통하며, 곤경에 빠져 형통할 수 없는 사람은 소인"이라고 말했다. 위기 속에서도 냉철하게 상황 판단을 하고, 위기가 온 원인을 파악할 줄 아는 사람이라면 위기가 와도 극복해 나갈 수 있을 것이다. 이것이 사람 본성이 지닌 좋은 습관이다. 위기에 휘둘리지 말라. 위기를 기회 삼아라. 위기는 우리의 습관을 바꾸기 위한 일생일대의 기회이다.

꿈 쇼핑하기 전에
습관 체크하기

　우리는 좋아 보이는 것을 살 수 있다. 쇼핑몰에만 가도 온통 좋아 보이는 것 천지다. 하지만 좋아 보인다고 해서 몽땅 집에 들여놓을 수는 없다. 나에게 필요한지, 아닌지를 판단해야 한다. 그런데 평생의 과업이 될 수도 있는 꿈조차 남들이 좋다고 하는 것을 따라 사는 쇼핑처럼 여기는 이들이 많다. 내게 좋은지, 아닌지보다는 다른 사람이 보기에 어떤지에 신경을 쓰고, 남이 멋지다고 하는 꿈을 자신이 목표한 바라고 착각한다. 왜 이런 일이 생기는 걸까?
　우리는 세상으로부터 내가 누군지, 무엇을 좋아하는지를 찾는 방법이 아닌 자신과는 아무런 상관도 없는, 화려하고 드높은 꿈을 꾸도록 강요당해왔다. 왜 모든 사람이 화려하고 드높은 꿈을 꿔야 할까? 소박하고 현실적인 꿈은 꿈이 될 수 없단 말인가? 모두가 좋다는 것이 과연 나에게도 좋은 것일까?

인생이라는 여정은 오로지 자신의 몫이며 다른 사람이 선택해줄 수도, 대신 이뤄줄 수도 없다. 내가 아니라 남들 눈에 좋아 보이는 것을 선택하는 인생이라면 타인의 시선에 따라 이리저리 들썩이다가 결국 아무것도 이루지 못하는, 들풀과 같은 인생이 될지도 모를 일이다.

남들이 좋다는 걸 따라 사는 꿈 쇼핑보다 자신에 대한 지식을 쌓는 일이 먼저다. **나는 '나 자신'에 대해 얼마나 알고 있을까?** 오늘부터 나 자신에 관한 기록을 만들어나가자. 나를 주제로 한 백과사전을 완성한다는 목표로, 타인과 사회의 시선으로부터 벗어나 진짜 내면과 만나는 시간을 마련해보자. 그래야 남들의 시선을 잣대로 인생의 목표를 결정하는 일이 없다.

◆ ◆ ◆

혹시 지금 내가 하고자 하는 일이 꿈 쇼핑과 같은 것은 아닌지 확인하는 방법이 있다. 그 일을 일정 기간 지속해보는 것이다. 만약 피겨 스케이팅으로 김연아 같은 선수가 되는 것을 꿈꾸고 있다면 하루 15분만이라도 스케이트를 타보자. 그러면 명확하게 알 수 있다. 취미로 남겨둘 좋은 추억인지, 내 평생의 업인지 깨닫게 된다.

그저 좋아 보이는 것과 실제로 오랜 시간을 투자해 지속적으로 경험해본 것의 간극은 하늘과 땅 차이보다 더 크다. 실행을 해본 경험이 있으면 추상적인 꿈에 매달리지 않게 된다.

  오늘 아침 내가 일어나서 기지개를 켜고, 세수를 하고, 머리를 말리고, 로션을 바른 행동은 하루아침에 생겨난 습관이 아니다. 아주 오래전부터 습관으로 피부에 스며들었기 때문에 자동 반사처럼 실행하는 것이다. 마찬가지로 김연아 선수는 아주 어릴 적부터 빙판을 누비며 실력을 길렀을 것이다. 그 일을 내가 아침에 일어나서 행한 습관들처럼 했을 것이다. 안 봐도 비디오다. 내게도 안 봐도 비디오라 말할 만큼 자연스럽게 행하는 습관이 있는가? 그 리스트를 적어보자. 그리고 자신의 꿈과 습관이 일치하는지 따져보자.
  일치하지 않는다면 꿈 쇼핑이었을 가능성이 크다. 하루 세 번, 꼬박꼬박 양치하는 습관이 있는 사람은 건치를 갖는다. 적게 먹고 많이 움직이는 습관이 있는 사람은 군살이 없다. 오늘 나의 총합은 과거 습관의 결과다.

  남들이 좋다는 것을 추구하기 위해 내 시간을 쏟아부을 필요 없다. 세상이 정해준 기준을 쫓지 말고 내면의 목소리에 좀 더 귀 기울이자. 외부의 시선에 휘말리면 내면의 자아와 진지하게 대면할 시간이 줄어든다.

막연하게 좋아 보이는 것은 막연하게 좋아 보이다 끝난다. 막연함은 결코 내 것이 되지 않는다. 오랫동안 명확하게 지속한 습관이야말로 내 것이다. 습관을 파악하라. 미래가 보일 것이다. 막연하게 남들을 따라 좋아하던 것들에서 벗어나 내 진짜 꿈을 발견할 수 있을 것이다.

세상이 정해준 기준을 쫓지 말고
내면의 목소리에 귀 기울이자.

패자가 꿈에 열중할 때
승자는 좋은 습관을 만든다

꿈을 이루고 싶은 자는 꿈을 꾸지 말라. 역설적이지만 꿈을 외치고 다니는 사람일수록 오늘 하루를 거대한 꿈 뒤에서 숨어서 보낼 가능성이 크다. 꿈은 때론 너무나 거대해서 현실과 괴리감을 느끼게 한다. 꿈은 저 멀리 지평선 너머에 있는, 잡을 수 없는 신기루일지도 모른다. 그런 신기루를 쫓기엔 인간의 삶은 너무나도 짧고 가진 에너지는 역부족이다. 그렇다면 꿈은 나쁜 것인가? 아니다. 꿈 자체는 나쁘지 않다. 꿈과 열정을 강요하는 사회가 나쁘다. 꿈이 없는 것은 잘못이 아니다. 죄도 아니다. 오히려 없는 꿈이라도 억지로 만들라는 분위기가 나쁘다. 사람이 어떻게 꿈만 꾸고 열정만 불태우며 살 수 있나? 사람은 현실에 발을 딛고 있을 때 안정감을 느낀다. 꿈이 무엇인지 묻지도 말고, 꿈을 꾸라는 강요도 말라.

◆ ◆ ◆

매일 자신의 꿈에 대해서 말하는 사람이 있었다. 학원의 클래스메이트였는데, 어쩌다 이야기를 나눠보면 항상 꿈을 꾸는 자신에 대한 프라이드가 강했다. 하지만 그는 왜인지 늘 수업 시간이 한참 지난 뒤에야 강의실에 나타났다. 슬그머니 문을 밀고 들어와 자리에 앉으면 30분 뒤에 강의가 끝났다. 두 시간짜리 강의에 30분만 앉아 있다 가는 셈이었다. 그러더니 어느 날부터는 매주 결석하기 시작했다. 매달 수업료는 내는데, 정작 수업시간에는 참석하지 않는다고 강사님도 걱정이 많았다.

자신의 꿈에 대한 비전이 그렇게나 큰 사람이 왜 제 돈 내고 등록한 수업은 결석하는 것일까? 꿈이 너무나 커서 그런 걸까? 큰 꿈에 비하자면 수업에 출석하는 것은 너무 시시한 일이어서 그런 걸까? 시간이 많이 흐른 지금, 그의 꿈이 무엇이었는지 기억이 나지 않는다.

그 어떤 위대한 꿈이라도 꾸준히 실천하는 습관이 없다면 몽상에 불과하다. 자신이 원하는 방향으로 나아가려면 무엇보다 자신에 대해 잘 알고 있어야 한다. 먼저 자신의 한계를 파악하는 것이 목표를 이루는 일등공신이다. 한계를 인정하는 일은 전략적인 선택이다. 무작정 꿈을 향해 돌진하기 이전에 내가 어떤 사람이고, 능력치는 어느 정도이며, 재능은 얼마나 갖추고 있는지 냉철하게, 객관적으로 파악하는 것이 무엇보다 중요하다.

큰 꿈에 대해 이야기하는 건 잠시 잠깐 멋져 보일 수 있다. 거창한 꿈을 꾸는 것보다, 오늘 하루 도달할 수 있는 목표가 있는 편이 승자가 될 가능성을 높여준다. 꿈은 주먹구구식으로 꾸지만 하루치 목표를 달성하는 습관 시스템은 결과를 약속하기 때문이다. 거대한 꿈을 이야기하기 전에 우선 책상부터 치워라. 방부터 청소하라. 작은 일도 제대로 해내지 못하는 사람은 큰일을 할 수 없다. 작지만 좋은 습관도 없는 사람이 크나큰 꿈을 이야기한다는 것 자체가 어불성설 아닌가.

꿈을 꾸는 일은 자유지만, 꿈이 이루어지지 않았을 때의 상황도 예상해보아야 한다. 사람은 누구나 실패할 수 있다. 항상 실패의 가능성을 염두에 두어야 꿈을 현실적인 거리에서 바라볼 수 있다. 습관은 결과를 위한 준비이다. 준비에 착실한 좋은 습관을 가진 사람은 엉뚱한 꿈을 꾸지 않는다. 습관을 갈고닦는 일상을 보내면서 꿈과 현실과의 거리를 명확하게 인식하고 있기 때문이다. 하루하루 단련하는 생활 습관을 가지면 꿈을 꿈으로만 두지 않는다.

꿈은 별나라 저 너머에 있는 것이 아니다. 꿈을 현실로 데려올 수 있다. 꿈을 이루지 못한 사람은 꿈 자체에만 집중하지만, 꿈을 바로 오늘의 현실로 만드는 사람은 좋은 습관을 지속한다. 꿈을 오늘의 현실에서 바로 수행 가능한 작은 일로 쪼개고, 그것을 매일 실행하면 현실로 만들 수 있다. 그러면 숨 막힐 듯 거대하게만 보였던 꿈이 그 민낯을 드러낼 것이다.

현재를 살아라. 원대한 꿈을 꾸기보다 오늘 주어진 평범한 매일매일을 알차게 보내는 사람은 현재를 살아간다. **알지 못하고, 알 수도 없는 불확실한 미래를 그리기만 하는 것이 아니라 오늘 당장 내가 할 수 있는 일에 충실하다면 오늘도 이기고, 내일이라는 오늘도 이긴다.** 그렇게 현재라는 하루하루를 치열하게 살아가는 습관으로 오늘을 통제하는 자가 승자가 된다.

PART 4

하루 15분 핵심 습관은 현실이 된다

15

단 한 번의 완주 경험이 있다면,
포기하는 습관을 완주하는 습관으로 바꿀 수 있다.

좋은 습관 하나가
100년을 책임진다

세 살 버릇이 여든까지 간다는 말이 있다. 어릴 때 몸에 밴 버릇은 나이 들어서 고치기 힘드니 어릴 때부터 나쁜 버릇이 들지 않도록 조심하라는 뜻의 속담이다. 이렇게도 생각해보자. 세 살에 좋은 습관을 들여 100세까지 잘 살아갈 수 있다면 어떨까? 습관 하나가 100년을 좌우할 수 있다는 것을 깨닫는다면 습관이 얼마나 중요한지 알 수 있다.

손톱을 깨무는 습관, 다리를 떠는 습관도 고치면 100년이 편하다. 손톱을 깨물거나 다리를 떠는 게 내게 치명적인 해를 끼치는 습관은 아니어도 내 인상을 망친다. 주위를 둘러보자. 손톱을 깨물거나 다리를 떠는 사람이 있다면 유심히 관찰해보라. 왜 좋지 않은 습관인지 알게 될 것이다.

습관은 의지를 이긴다. 의지로 하는 일은 오래가지 못하지만 습관으로 삶에 시스템화하면 자동으로 굴러간다. 그러니 좋은 습관을 하나 만들자. 그 습관이 나 자신이 될 것이다. 우물쭈물하지 말고 시작하자. 내일로 미루지 말고 지금 할 수 있는 작은 일부터 시작해보라. 그렇게 작은 성취감을 느끼면 재미가 붙는다. 그 습관 덕분에 100년이 행복할 것이다.

◆ ◆ ◆

어떤 일이든 부딪쳐보고, 끝까지 완주를 해봐야 그 과정에서 갖가지 노하우를 획득할 수 있다. 혹시 무슨 일을 시작하면 항상 끝을 보지 못하고, 70% 언저리에서 그만두고 마는가? 포기하지 않고 완주하는 것과 한 끗의 차이로 완주를 포기하는 원인은 무엇일까? 버릇이다. 습관이다.

완주가 습관이 된 사람은 어떻게 하면 끝까지 갈 수 있는지 방법을 알고 있다. 어려움이 와도 객관적으로 바라보고, 거기서 너무 많은 에너지를 소모하지 않는다. 하지만 끝까지 가본 경험이 없는 사람은 어려움이 닥쳤을 때 팩트만 보지 않고 과대평가를 한다. 툭툭 털고 일어나면 될 일도 감당할 수 없는 어려움으로 받아들이면 주저앉거나 완주를 포기할 가능성이 크다. 단 한 번의 완주 경험이 있다면, 포기하는 습관을 완주하는 습관으로 바꿀 수 있다.

완주한 경험을 바탕으로 삶을 운용하는 자신만의 시스템을 축조할 수 있다. 마라톤을 5km라도 완주한 경험이 있다면 완급조절은 어떻게 하는지, 페이스메이커와 어떻게 호흡을 맞춰야 하는지, 체력은 어느 정도 길러야 하는지 몸으로 먼저 안다. 시간이 많이 흐른 뒤에도 그 경험을 되살려 언제든지 다시 마라톤을 시작할 수 있다.

책을 읽는 것도 마라톤 완주와 비슷하다. 다독하는 습관을 가진 사람이라면 같은 책을 읽어도 평소에 독서하지 않는 사람과 읽는 속도와 생각하는 폭에서 차이가 난다. 독서 근육이 탄탄한 사람은 책 한 권을 읽어도 배경지식부터 같이 읽으면 좋을 연관 도서까지 촘촘한 네트워크가 형성돼 있다.

목표가 있다면 효과적인 습관 시스템을 만들어보자. 목표를 세분화하고, 하루 분량을 체크하면 목표까지의 거리를 수치화하는 것이 가능하다. 그 간극이 어느 정도인지 정확하게 알고 있어야 목표로 가는 시간을 인지할 수 있다. 수치가 눈에 보이면 막막함에서 벗어날 수 있다.

사람이 막막한 기분이 들면 쉽게 무기력해진다. 하지만 오늘 해야 할 일이 명확하면 시간을 지체하지 않고 해낼 수 있다. 이것을 삶의 습관으로 체화한 사람은 모든 것을 시스템처럼 자동화한다. 결과가 날 때까지 매일 어떤 목표를 달성하고, 얼마만큼 발전을 이룰 것인지 시스템 운용전략을 세워놓기 때문에 실행하기만 하면 된다. 그러면 포기할 가능성도 줄고, 완주하는 경험만 쌓을 수 있다. 습관의 시스템이란 거창한 것이 아니다. 오늘 할 일을 파악하고 행동하는 것. 하루하루가 쌓여 피부에 스며들고 몸이 기억하는 것. 이것이 바로 목표와 시스템의 밸런스다.

습관이라는 의지,
습관이라는 운명

운동과 관리로 다이어트를 한 사람은 건강하게 뺀 살이라 쉽게 요요현상이 오지 않는다. 하지만 약물 요법이나 단식으로 한 다이어트라면 요요현상이 빨리 온다. 어렵게 얻은 것은 쉽게 빠져나가지 않는다. 쉬운 것은 그만큼 쉽게 빠져나간다. 꾸준한 습관의 힘으로 얻은 것은 몸이 기억하지만, 몸이 익히기도 전에 결과를 얻는다면 과정 자체를 모르기 때문에 모래성처럼 쉽게 무너진다.

습관은 그 사람이 어떻게 살아왔는지를 보여준다. 좋은 습관은 인생의 훈장이자 트로피다. 왜냐하면 내가 매일매일을 빼먹지 않고, 오랜 시간을 들여서 획득한 결과이기 때문이다. 좋은 습관은 로또 당첨이 아니다. 어느 날 느닷없이 오지 않는다. 세월을 거쳐 내 몸에 붙는다.

학문의 아버지이자 개념의 창시자라고 불린 그리스의 철학자 아리스토텔레스(Aristoteles)는 『니코마코스 윤리학』에서 "행복한 사람은 하루아침에 만들어지지 않는다"고 했다. 행복 또한 행복이 무엇인지 오랫동안 생각하고, 실천하고, 삶에 적용하려는 사람에게 온다는 의미로, 습관의 본질을 되짚어볼 수 있는 문장이다.

습관이란 인간에게 과정의 힘을 알려주는 즐거운 여정이다. 순간적인 배움이나 벼락치기는 오래가지도 못하고, 응용할 수도 없고, 삶과 연결되지 않는다. 누누이 말하듯 습관은 하루아침에 만들어지지 않는다. 습관은 운이 아니다. 자신의 의지를 몸으로 오랜 시간 표현한 것이 습관이다.

◆ ◆ ◆

운명은 하루아침에 이루어지지 않는다. 그 옛날 로마 제국 또한 하루아침에 만들어지지 않았다. 인간의 문명은 또 어떠한가. 법과 제도는 수많은 사회 구성원의 동의가 필요하다. 뚝딱 만들어지거나 뚝딱 없애버릴 수 없다. 항상 긴 시간에 걸친 논의가 필요하다. 법이 사회의 지문이라면 습관은 행동의 지문이다.

나무에 나이테가 생기듯 오랜 시간 자신의 지성을 닦아온 사람이라면 사물의 겉모습을 보지 않고 본질을 보려는 습관이 있을 것이다. 사람들이 그럴듯한 겉모습에 속아 넘어가 부화뇌동할 때 통찰력을 발휘하여 본질을 보며 위기를 넘긴다. 사물을 보는 관점 또한 습관으로 형성할 수 있다.

철학 분야에서 최고의 경지에 도달한 독일의 지성, 임마누엘 칸트(Immanuel Kant)에게는 평생 지켜온 습관이 있다. 그건 바로 매일 오후 3시 30분에 공원을 산책하는 것이었다. 그가 오후에 산책을 하러 공원에 나타나면 마을 주민들은 3시 30분임을 알 정도로 정확해 '걸어다니는 시계'라 불렸다고도 한다.

칸트는 평생 결혼하지 않았는데, 자신의 약골 체질을 잘 알고 있었기 때문이다. 이미 젊은 시절부터 학문에 전념하기에도 버거운 건강 상태라는 사실을 잘 알고 있었던 그는 무리하지 않고 조금씩 길게 가는 방법을 택했다. 그리고 자신의 한계를 보완하기 위해 자신의 건강 상태와 인생 목표에 딱 맞는 루틴을 개발해 한 치의 오차도 없이 그대로 따랐다.

칸트는 연약한 체질로 태어난 자신을 원망하기보다는 약점을 보완할 위대한 습관을 만들어 칼같이 지켰다. 그렇게 사교활동을 즐기고, 대학 강단에 설 수 있었으며, 산책을 하며 사색에 잠기고, 밤에는 집필할 시간까지 확보할 수 있었다.

무엇을 익힐 것인가? 무엇을 다듬을 것인가? 무엇을 내 몸에서 떠나지 못하게 할 것인가? 어떻게 습(習)을 만들어나갈 것인가? 습

관은 하루아침에 뚝딱 생겨나는 것도, 남이 내게 줄 수 있는 것도 아니기에 더욱 특별하다. 누구나 인간으로 태어난 이상, 가능성이라는 것을 품고 있다. 그 보이지 않는 가능성을 현실로 만드는 것이 바로 습관이다. 아무리 엄청난 가능성이 있다고 해도 습관이 좋지 않으면 암묵지로 남을 뿐이다. 인생은 무한한 가능성의 바다다. 오늘 하루, 인생을 항해하며 무엇을 익히고 배웠는가?

◆ ◆ ◆

습관은 하루아침에 뚝딱 생겨나는 것도,
남이 내게 줄 수 있는 것도 아니기에 더욱 특별하다.

더 이상 미루지 않는
습관 들이기

　내가 운영하는 네이버 카페 '사고혁신연구소'에서는 5년째 단체 필사를 진행해오고 있다. 도서 한 권을 지정해서 매일 같은 분량을 읽고, 필사를 해서 인증샷을 올리는 방식인데, 하루 진도가 많지 않다. 딱 15분 정도만 투자하면 할 수 있는 분량으로 진행한다. 하루에 많은 시간을 투자하는 건 부담스럽지만 조금씩이라면 지속할 수 있다. 그렇게 함께 꾸준히 필사한 시간이 벌써 5년이다.
　자신의 하루를 돌아보고 스스로 피드백하는 일기를 쓰거나 내일의 계획을 세우는 것도 하루 15분 정도로 가볍게 시작하면 오래간다. 하루에 한 시간 이상 걸리는 일은, 하려는 생각만 해도 버거워서 중도에 포기하고 싶은 마음이 굴뚝같다. 연말에 신년 계획을 잔뜩 세우고, 다이어리도 새로 꾸미지만 한두 달 쓰고 그만두는 이유도 너무 많은 시간을 소요하기 때문이다.

    누구나 한 번쯤은 오늘 해야 할 일을 내일로 미루거나 다른 일로 시간을 보낸 적이 있을 것이다. 만일 내가 그런 편이라면 생각해보자. 혹시 이전에 그 일에 너무 많은 시간을 쓰거나 그렇게 해야 할 상황으로 스스로를 몰아붙이지는 않았는가? 무슨 일을 하든 시작부터 너무 거창하면 미루고 싶어진다. 미루기는 무기력의 대표적인 증상이다. 사람은 구체적인 목표나 동기가 없는 상태일 때 무기력해진다.

    목표는 과정 한 단계, 한 단계를 진행하는 데 반드시 필요하다. 목표가 없다면 지속 가능성도 없다. 목표는 구체적이고 지금 바로 실현할 수 있도록 현실적이어야 한다. 목표가 분명하면 오늘 하루 우선순위를 잘 설정할 수 있다. 다만 너무 큰 것을, 한꺼번에 해내려고 욕심부리지만 않으면 된다. 팔굽혀펴기를 두세 번밖에 하지 못하던 사람이 갑자기 오십 번을 할 수는 없다. 도저히 어디서부터 시작해야 할지 막막하고, 도망가고 싶어도 딱 15분만 아무 생각 말고 해보자고 마음을 먹자. 그렇게 차근차근 시작해보자.

◆ ◆ ◆

    개떡 같은 말도 찰떡같이 알아듣는 사람이 있듯이, 일상의 평범한 일도 기막힌 글감으로 삼아, 유려한 문장으로 표현해내는 사람이 있다. 실마리만 잡아도 문제가 술술 풀리는 능력이 있는 셈이니, 아마 글을 쓰는 모든 사람이 탐내는 재능일 것이다. 하지만 글 쓰는 감각도 쓰지 않으면 녹슬어버린다.

언제든 글을 쓸 수 있으려면 감각을 예리하게 다져놓아야 한다. 매일매일 글 쓰는 습관으로 문장의 칼을 갈아두는 것이다. 작가에겐 글을 쓰는 행위는 길이요, 생명이요, 존재의 의미다. 좋은 생각이 나면 밤이고, 낮이고, 길을 걷다가도 문장으로 남겨두어야 한다.

분명 잘 풀리지 않을 때도 있다. 그럴 땐 15분을 또 다르게 활용하면 된다. 15분 동안 한 글자도 쓰지 못했을 때 나는 운동화를 신고 나가서 15분 정도 걷는다. 신기하게도 걷다 보면 복잡하게 얽혀 있던 생각의 실마리가 하나둘씩 풀리기 시작한다. 하루 종일 머리를 쓰는 직업이라 편두통에 시달릴 때가 많았는데, 하루에 15분씩 운동을 시작한 뒤로는 편두통이 없어졌다.

15분은 작다면 작고, 크다면 큰 시간이다. 15분 동안 열심히 집중했다면, 다음 15분은 환기의 시간으로, 예열하는 시간으로 써도 좋다. 성과를 만들어내려면 좋은 습관이 차곡차곡 쌓여서, 높은 경지에 도달할 시간이 필요하다. 그때까지 습관을 지속할 수 있는 나만의 방법을 찾아가자.

35,040개의 15분,
시간이라는 선물

우리는 매년 365일이라는 선물을 받는다.

365일은 52주다.
365일은 8,760시간이다.
365일은 525,600분이다.

525,600분을 15분으로 나누면 35,040개의 15분이 생긴다. 집중할 수 있는 시간 15분이 35,040번이나 있는 셈이다. 이 많은 15분 동안 무엇을 할 수 있을까? 좋아하는 책 구절을 필사하거나 멘탈 트레이닝을 할 수 있고, 명상을 할 수 있다. 누군가에게 용기를 주는 일을 할 수도 있고, 누군가를 도울 수도 있다. 사랑하는 사람에

게 전화를 걸 수도 있고, 가벼운 산책을 할 수도 있다. 윗몸일으키기나 아령운동으로 근육을 만들 수도 있다.

15분 동안 할 수 있는 일은 엄청나게 많다. 그 15분을 우리는 1년에 35,040개나 받았다. 35,040개의 15분을 어떻게 쓸 것인가? 이 엄청난 선물을 어떻게 사용할 것인가? 35,040개의 15분 중 삼분의 일을 잠자는 시간으로 써도 23,360개의 15분이 남는다. 우리는 23,360개의 15분으로 무엇이든 할 수 있다.

이 무궁무진한 가능성의 선물을 썩히는 사람도 있고, 바닥까지 긁어 활용하는 사람도 있다. 선물을 뜯어보지도 않고 내팽개친 사람도 분명 있을 것이다. 인간에게 시간이 주어진다면 인간은 무엇이든 해낼 수 있다. 바꿔 말해 15분 동안 해내지 못하면 평생 아무것도 해내지 못한다.

사실 15분이라는 시간에는 인간의 평생이 담겨 있다. **당장 눈앞의 15분도 제대로 쓰지 못하는데, 어떻게 평생이라는 시간을 제대로 보낼 수 있을까?** 우리에게 주어진 이 어마어마한 선물을, 무엇을 이루는 데 써야 할까?

◆ ◆ ◆

『열자』(列子) 탕문편(湯問篇)에는 우공이라는 한 노인의 이야기가 실려 있다. 우공은 90세의 나이로 태행산과 왕옥산 사이에 살고 있었는데, 높은 산에 둘러싸여 있는지라 늘 왕래에 불편함이 있었다. 그러던 어느 날, 우공이 산을 옮기겠다 마음먹은 것이다.

직선거리만 700리에 달하는 큰 산의 돌을 깨고, 삼태기에 흙을 퍼 담아 산을 옮기겠다는 우공의 계획을 들은 주변 사람들은 어리석은 소리라며 그를 비난했다. 그럼에도 불구하고 우공은 자신이 목표를 이루리라는 것을 믿어 의심치 않았고, 의연한 태도로 오랜 세월 동안 꾸준히 돌을 깨고 흙을 옮겼다.

그러자 그런 우공의 태도에 감동한 옥황상제가 두 아들을 시켜 우공이 원하는 대로 산을 옮겨주었다. 아주 작은 행동이라도 꾸준하게 지속하는 힘은 타인을 감동시키고 반드시 결과를 가져오는 것이다.

티끌 모아 태산이라는 말이 있다. 티끌을 모으면 정말 태산이 되는 걸까? 태산의 재료는 티끌이다. 사막 같이 거대한 모래밭도 티끌처럼 작은 모래알이 모여서 이루어졌다. 도저히 이룰 수 없을 것 같은 태산 같은 목표도 티끌처럼 쪼개면 된다. 하지만 티끌은 하루아침에 태산이 되지 않는다. 조금씩 조금씩 조급하지 않지만 느리지도 않게 목표를 향해 한 걸음, 두 걸음 내딛는 발걸음을 초석 삼아 오늘부터 하나둘씩 티끌을 모아보자.

매일매일 지속해야 태산이 되는 법이다. 피곤하다고 멈추고, 갈 길이 너무 멀다 하여 하루 이틀 쉬는 일이 잦아진다면 티끌은 평생 티끌로 남는다. 자신이 목표를 이루리라는 것을 믿어 의심치 않고, 묵묵히 오늘 내 할 일을 해나가던 우공처럼 내 목표를 향한 위대한 15분을 지금부터 시작하자.

시간을 엿가락처럼 늘려 쓰는
스톱워치의 마법

하루 15분이 얼마나 긴 시간인지 확인하려면 15분으로 얼마나 많은 일을 할 수 있는지 직접 시간의 질량을 측정해보면 된다. 15분 습관의 효과를 극대화할 수 있는 것이 바로 스톱워치다. 내가 추천해주고 싶은 스톱워치가 있다. 큐브 모양 스톱워치인데, 따로 시간을 설정을 할 필요가 없어서 사용 방법도 아주 간단하다.

◆ ◆ ◆

　결혼을 하고 보니 어쩔 수 없이 집안일에 시간을 써야 할 때가 많다. 사실 살림을 좋아하지 않는 나로서는 집안일 자체가 스트레스로 다가왔다. 열심히 해도 티는 나지 않지만, 안 하면 집 안이 돼지우리가 돼버리는지라 어떻게 하면 최대한 빨리, 효율적으로 끝낼 수 있을지가 매번 고민이었다. 이때 도움을 준 것이 스톱워치다. 완벽하게 끝낼 생각은 접어두고 반드시 해야 할 일들을 선정한 후, 15분 스톱워치를 활용해 끝내는 습관을 들이자 집안일 스트레스에서 해방될 수 있었다.

　스톱워치를 쓰면 해야 할 일에서 도망치고 싶은 마음을 누를 수 있다. 다들 하루 일과 중 정말 하기 싫은 일이 한 가지씩은 있을 것이다. 나는 집안일이 그랬다. 하기 싫은 감정이 스멀스멀 올라올 때마다 스톱워치를 누르고, 15분 동안만 일하고 손을 뗐다. 설거지, 빨래 개기, 청소를 이런 식으로 해보니까 전보다 많은 일을 해낼 수 있었다. 스톱워치 덕분에 집 안이 엉망이 되는 꼴은 피한 셈이다.

　다들 이런 경험이 있지 않은가? 30분은 지났겠지, 시계를 봤는데 10분도 지나지 않아 망연자실한 경험! 다시 마음을 다잡아봐도 하기 싫어서 좀이 쑤신다. 이때도 스톱워치가 해결사다. 가장 하기 싫은 일부터 15분 스톱워치를 맞춰놓고 시작해보자. 다시 말하지만 15분은 많은 일을 할 수 있는 시간이다. 15분을 한 덩이씩 쪼개 사용할 수 있는 가장 좋은 도구가 스톱워치다. 스마트폰의 스톱워치는 주의를 뺏기기 쉬우니 스톱워치 기능만 있는 전용 스톱워치를 마련하자.

시간은 인간이 스스로의 편의를 위해 발명해낸 것이다. 모두에게 공평하게 주어지지만 사람마다 다르게 흘러간다. 하기 싫은 일을 하다 보면 시간이 상대적으로 흐른다는 말을 실감할 수 있다. 누군가는 1인 3역을 척척 해내고, 누군가는 한 사람분의 일을 하는 것조차 버거워한다. 누군가의 시간은 과거에 멈춰 있고, 누군가의 시간은 미래로 흐른다. **스톱워치를 사용하면 상대적인 시간을 절대적으로 사용할 수 있다.**

하루 15분을 한 덩이로 본다면 당장 해야 할 일은 무엇인가? 반드시 해야 하지만 미뤄두었던 일은 무엇인가? 그 일을 시작해보자. 지금 당장! 단, 스톱워치를 설정해두고 해보자. 스톱워치가 마법을 부려 15분 내에 그 일을 반드시 끝내게 해줄 테니 말이다. 이 원고를 쓰고 있는 나 또한 15분 스톱워치를 맞춰두었다. 이렇게 하다 보니 집중력도 올라가고, 15분 동안 평균 300자 이상을 쓸 수 있다는 사실도 알게 됐다.

주어진 시간의 질량은 누구나 같다. 밀도를 원한다면 스톱워치를 맞추어두고 시간이 흐르는 것을 지켜보면서 행동해보자. 스톱워치로 15분을 써본다면 한 시간이나 두 시간의 질량보다 15분의 밀도가 촘촘하다는 것을 금방 알 수 있다. 이 15분의 시간이 얼마나 많은 일을 가능하게 하고, 얼마나 많은 결과를 생성해낼 수 있는지를 깨닫는다면 인생이 달라진다.

 아침에 일어나서 가장 하기 싫은 일부터 15분 스톱워치를 맞춰놓고 뚝딱 해치우면 하루가 홀가분하다. 그만큼 시간도 확보할 수 있어서 하루도 길다. 스톱워치를 항상 가지고 다니면서 시간을 엿가락처럼 쭈욱 늘려 써보자!

15분 습관으로 3배속 빠른 인생을 살 수 있다면?

그렇다면 왜 15분일까? 15분이 강력한 힘을 발휘할 수 있는 이유는 사람들이 인식하기에 15분이라는 시간이 그리 무겁지 않기 때문이다. 자나깨나 스톱워치로 15분을 카운트하며 산다면 어떨까? 내가 해보니까 이전보다 최소 3배속의 인생을 살 수 있다는 결론이 났다.

무엇보다 당장, 최우선적으로 해결해야 할 일을 스톱워치 15분에 맞춰놓고 해보면 그렇게 귀찮던 일이 15분도 걸리지 않는다는 사실을 깨달을 수 있다. 집안일로 따지면 빨래 널기는 7분, 설거지는 13분, 방 정리 정돈은 15분, 청소기 돌리기는 8분 정도다. 모두 스톱워치를 맞추고 카운트를 해보니 나온 데이터다. 소요되는 시간이 분명하면 더 이상 지지부진 미루고 또 미루지 않는다.

시간을 체계적으로, 낭비하지 않고 사용하고 싶다면 이 방법을 적극 활용하자. 하고 싶은 일에 진정으로 몰입하는 자신을 발견할 수 있다. 스톱워치에 1초씩 눈금이 흐르는 것이 보인다. 나는 더 빨리, 좀 더 빨리 노트북 자판을 두드린다. 자판이 부서질 정도로 말이다. 잠이 와도 소용없다. 15분 카운트에 들어가면 자동적으로 자판을 두드리며 글을 쓴다. 15분이 흐르기 전에는 눈앞의 일 외에는 그 어떤 다른 일도 하지 않는 극도의 몰입 상태에 들어갈 수 있는 것이다. 15분이 힘들다면 7분도 좋다. 7분이라도 꽉 찬 하루를 보낼 수 있다. 7분 동안 고도의 몰입이 가능하다면 시간의 각성효과를 타이트하게 가져가는 것도 좋은 시도다.

◆ ◆ ◆

한 시간은 네 개의 15분으로 이루어져 있고, 하루는 96개의 15분으로 이루어져 있다. 96개의 15분을 모두 사용할 수는 없다. 하루에 8시간 수면을 한다면, 32개의 15분을 사용하는 것이다. 8시간의 충분한 수면을 취해도 64개의 15분이 있다. 64개의 15분이라면 15분은 일하고, 다음 15분은 휴식을 취한다고 해도 32개의 15분이 남는다. 이를 활용해 32개의 하기 싫은 일을 처리할 수 있다. 어쩌면 역사는 이 하루 안에 일어날지도 모른다.

32개의 15분을 모두 사용하지 않아도, 하루에 네 개의 15분만 사용해도 그동안 미뤄둔 일에서 해방될 수 있을 것이다. 이렇게 15분이라는 시간은 엄청난 파워를 지녔다. 어떤가? 하루 15분의 마법을 자신에게도 적용하고 싶지 않은가?

15분이라는 시간을 무기를 사용하는 것은 전적으로 개인의 자유다. 한 덩이에 15분이라는 시간을 하루에 하나씩, 1년을 사용할 수도 있고, 하루에 32개의 15분을 모두 사용할 수도 있다. 그러면 시간이 없어서 하지 못했던 일도 해낼 시간이 생길 것이다.

프로 딴짓러의
발칙한 15분

　직장인의 일과 중 가장 힘든 시간은 오후 4시가 아닐까? 퇴근까지 아직 시간이 좀 남았고, 저녁을 먹기 전 허기를 참을 수 없는 간식 타이밍이기도 하다. 내가 회사를 다닐 땐 야근도 잦아서 4시가 돼도 갈 길이 구만리였다. 이때 내게 힘이 된 것이 바로 '딴짓'하는 습관이었다. 도저히 지루해서 견딜 수 없을 땐 잠깐 간식을 사 들고 온다는 그럴듯한 변명을 하곤 도심 속 산책로로 도피행각을 했다.
　준비도 없이 사회에 나가서 과연 내가 조직에 필요한 사람인지, 사회에 필요한 사람인지 알 수 없었고, 공허한 마음에 세상 어딘가 마음놓고 발 디딜 곳은 없는 걸까, 방황하던 20대 청춘이었다. 입사 초기를 제외하고는 일상의 단조로움과 고단함에 짓눌려 '이렇게 하루하루 버티는 것이 인생일까?'를 자주 고뇌했다. 헛헛한 마음을 달래며, 나 자신을 셀프 위로하며 산책로를 걷다 보면 오후 4시의 고단함을 잠시 잊을 수 있었다. 그렇게 오후 4시의 비밀 산책은 회사생활을 버틸 수 있게 해주는 의식이 됐다. 답답한 사무실을 빠져나와 15분 정도 걷다 보면 무거운 마음도 한결 가벼워지고 상쾌해지는 기분마저 들었다.

사람은 공허함이 밀려오거나 해결할 수 없는 문제에 둘러싸여 있다고 생각될 때 움직임을 통해 감각을 전환하려는 본능이 있다. 그래서 머릿속이 복잡할 땐 격한 운동을 하거나 땅에 발을 딛고 걸으면 어지러운 마음이 차분해진다. 계속 몸을 움직이면 오랫동안 고민해왔던 문제가 해결이 되는 운 좋은 타이밍이 오기도 한다.

그것이 습관이 돼서 전업작가가 된 지금도 글을 쓰다 막힐 때마다, 풀리지 않는 문제가 있을 때마다, 우울해질 때마다 걷고 또 걸으며 사색을 한다. 문제의 원인을 곰곰이 생각하며 걷다 보면 해결되지 않던 부분이 술술 풀리는 골든타임이 찾아온다. 오후 4시의 혼자만의 발칙한 외출이 내게 꼭 필요했던 '사색'의 시간이었음을 다시금 깨닫는다.

◆ ◆ ◆

퇴근을 한 뒤에는 직장생활의 공허함을 채우려 이것저것 딴짓을 계속했다. 노래도 배워보고, 춤도 배워보고, 헬스클럽도 등록하고,

동호회도 나가고, 사내 스터디 그룹에서 강사로도 활동해봤다. 그중에서 가장 오랜 시간 열중했던 딴짓은 퇴근 후 코엑스몰의 대형서점 반디앤루니스로 달려간 것이었다. 반디앤루니스에만 가면 다른 세상이 펼쳐졌기 때문이다. 그 당시에 나는 책이라면 1년에 한두 권 정도 읽는 게 전부였는데, 서점에서 이 책 저 책 구경하는 건 좋아했다.

책도 안 읽는 사람이 왜 서점에만 가면 좋았을까? 문화를 향유한다는 느낌이 들어서였을까? 아니면 내 영혼이 허기져서였을까? 서점에 가면 마냥 행복했다. 친구들과 만나기로 하면 약속장소를 반디앤루니스 정문으로 정하고, 약속시간 15분 전에 도착해서 서점을 구경했다. 친구에게서 늦는다는 연락이라도 받으면 서점 구경을 더 할 수 있다는 생각에 오히려 반가운 마음이 들었다.

이것이 전업작가가 될 나의 운명이었는지, 실제로 서점 나들이 습관을 지속한 지 13년 만에 작가로 데뷔하게 됐다. 그렇게 습관은 현실이 되어 눈앞에 나타났다. 반디앤루니스는 2012년 코엑스몰 리모델링 공사와 함께 사라져버렸지만, 아직도 그 자리에만 가면 구석구석이 눈에 선하다. 가끔 꿈에 반디앤루니스가 등장하기도 한다.

만일 내게 대형서점에 가는 습관이 없었다면 어떻게 됐을까? 과연 전업작가가 될 수 있었을까? 15년이 지난 지금도 무의식적으로

서점으로 달려갔던 그때의 습관이 글을 쓰는 데 많은 도움이 된다. 서점을 둘러보면 알 수 있다. 세상이 어떻게 돌아가는지, 시시각각 어떤 일이 일어나고 있는지, 사람들은 무엇을 궁금해하고, 무엇을 원하는지 책들을 훑어보는 것만으로도 트렌드를 파악할 수 있다.

약속이 있다면 15분만 일찍 도착해서 신간 코너를 둘러보기만 해도 예리한 트렌드 감각을 깨울 수 있다. 일주일에 한두 번 대형서점으로 약속장소를 잡는 것이 대단한 습관은 아니다. 하지만 대수롭지 않아 보일 수도 있는 이 작은 습관을 10년 이상 지속하니 나는 전업작가가 돼 있었다. 서점을 방문하는 습관이 결정적인 핵심 습관이 된 것이다.

10년 넘게 대형서점을 들락거리면서 책을 훑어보던 감각은 지금도 작가로 살아가는 나에게 든든한 데이터가 돼주고 있다.

오후 4시의 비밀 산책과 대형서점에 들르던 15분은 잘 풀리지 않던 직장생활의 허탈함을 채우는 재충전의 시간이었다. 그렇게라도 하지 않았다면 전쟁과도 같은 사회생활을 견딜 수가 없었을 것이다. 인생의 풀리지 않는 고민을 해결하러 나섰던 하루 15분의 산책과 인생의 해답을 찾으러 방문했던 15분의 서점 구경이 시간과 층을 이루어 삶의 터닝 포인트가 된 것이다. 이 딴짓하는 습관이 10년이 넘게 지속되면서 전업작가로 성장할 수 있는 기틀을 마련해줬다. 산책으로 얻은 사색의 시간과 정기적으로 서점 나들이를 하며 얻은 외부 자극이 조금씩, 오래도록 쌓여 새로운 지층을 만들고 있었다.

아무리 바빠도 15분의 틈은 있다. 그 15분만이라도 나를 위한 딴짓을 시도해보는 것은 어떨까? 이것저것 시도해보면 지속 가능하고, 자신에게 딱 맞는 딴짓을 발견할 수 있다. 작은 변화가 또 다른 작은 변화를 만나면 엄청난 차이를 만들어낸다. 사소하고, 작아 보이고, 아무것도 아닌 것 같아 보여도 그 이전에 시도했던 작은 변화들과 만나면 시너지가 생기고 폭발력이 응축된다. 아무리 사소한 습관이라 할지라도 시간이 쌓이면 결과로 눈에 나타난다. 습관은 현실을 만드는 힘을 가지고 있으니 말이다.

❖ ❖ ❖

아무리 바빠도 15분의 틈은 있다. 그 15분만이라도
나를 위한 딴짓을 시도해보는 것은 어떨까?

꼬리가 몸통을 흔든다!
사소한 나쁜 습관이 내 삶에 끼치는 영향

만약 화가 날 때마다 술을 마시는 습관이 있거나 담배 피우는 습관이 있다면 어떨까? 지금 당장은 아무 문제없어 보일지도 모른다. 살면서 화가 날 수도 있다. 어떻게 인생이 매일매일 좋은 일만 있을 수 있겠는가? 하지만 그때마다 술을 마시고, 담배를 피운다면 어떨까? 그 습관이 자그마치 10년 이상 지속된다고 해도 괜찮을까? 마치 자동화된 시스템처럼 말이다. 하루에 한 개비라 해도 10년이면 3,650개비다. 3,650개비는 담배 182갑이고, 비용은 821,250원이나 된다. 하루 한 개비만 피우는 작은 습관도 10년 이상 지속된다면 분명히 건강에 영향을 준다.

매 끼니마다 고열량, 고탄수화물 식사를 하는 사람이 살이 찌지 않을 리 없다. 매일 자기 전, 맥주 한 캔을 따는 사람이 날씬한 몸매를 유지할 수 없다. 맥주 한 캔의 칼로리는 식빵 다섯 장과 맞먹는다. 매일 식빵 다섯 장을 먹는 습관을 지속하고 있는 셈인데 어떻게 살이 찌지 않겠는가?

꼬박꼬박 야식에 반주를 곁들이는 사람이 성인병에서 자유로울 순 없다. 마찬가지로 매일 술을 마신다면 음주는 더 이상 어쩌다 한 번 있는 이벤트가 아니다. 일상이다. 이런 사람의 정신이 건강하다고 할 수 있을까?

습관성 음주는 정서장애를 유발한다. 이미 일상적으로 알코올에 의존하는 상태가 되면 술을 끊으려 마음먹어도 손떨림, 식은땀, 정서불안 같은 정신적, 육체적 불편을 겪게 된다. 이런 불편이 고스란히 일상에도 지장을 준다. 알콜 없이는 일상생활을 지속할 수 없는 상태로 불어나기 전에 끊는 것이 중요하다.

또 만날 때마다 푸념을 하거나 험담을 늘어놓는 습관이 있다면 어떨까? 푸념 듣는 것을 좋아하는 이는 없다. 험담에 응해주는 것도 한두 번이다. 들어주다 지쳐서 나중에는 얼굴만 봐도 피하고 싶은 사람으로 등극하게 된다. 입만 열면 부정적인 얘기만 늘어놓으니 어딜 가나 환영받기 힘들다.

스스로에게 사람을 떠나가게 하는 나쁜 습관이 있다는 걸 알아차리지 못한 채 남들에게 거부당하는 것이다. **이런 사소해 보이는 나쁜 습관이 인생을 야금야금 망가뜨린다. 사소한 버릇이 몸을 망치는 올가미가 된다. 졸졸 새는 물이 둑을 무너뜨린다.**

◆ ◆ ◆

　사소하지만 나쁜 습관 또 하나는 바로 지각이다. 주위를 둘러보면 매번 늦는 사람 한 명씩은 꼭 있다. 프로 지각러는 30분씩 늦게 도착하지 않는다. 항상 10분, 15분씩 늦는다. 조금만 일찍 나오면 제시간에 도착할 수 있으면서 왜인지 꾸물거리다 결국 지각한다. 만일 내가 항상 이런 식으로 늦는 편이라면 그것이 바로 내 핵심 습관이다. 지각이 핵심 습관인 사람은 어딜 가든, 무슨 일이 있든 늦는다.

　주변 사람들은 이미 프로 지각러가 정시에 도착할 거라는 믿음이 없다. 한두 번도 아니고 계속 지각하는 모습을 보여주면 신뢰가 사라진다. 신뢰는 한 번 무너지면 회복하기 힘들다. 정말 피치 못할 사정으로 늦어도, 습관적으로 늦었겠거니 생각해버린다. 지각은 민폐다. 사람들은 민폐를 끼치는 프로 지각러에게는 일을 맡기지 않는다. 시간 약속은 작은 약속인 것 같은가? 이 작은 약속이 쌓여 신뢰를 만드는 것이다.

　매일 지각하는 습관을 쌓는 사람을 0.99라고 가정하고, 미리 도착하는 습관을 쌓는 사람을 1.01이라고 가정해보자. 0.99와 1.01의 차이는 고작 0.02다. 1.01의 365승은 37.8이다. 0.99의 365승은 0.03이다. 지각하는 습관을 가진 사람의 1년 후 사회적 신뢰도는 0.03이 되지만 미리 도착하는 사람의 사회적 신뢰도는 무려 37.8이나 된다.

일찍 도착하는 것을 핵심 습관으로 갖고 있는 사람은 틈틈이, 짬짬이 작은 시간도 알차게 운용한다. 일찍 도착해서 남는 시간에 플러스알파를 준비한다. 작은 시간이라도 헛되이 쓰지 않기 위해 가방에 작은 책을 넣어가지고 다니거나 태블릿PC로 간단한 업무를 처리한다. 이렇게 좋은 습관 하나로 삶을 더 이롭게 경영한다.

완벽하게 좋은 습관만으로 사는 사람은 없다. 그 누구라도 나쁜 습관은 있다. 사소하다고 여겼던 나쁜 습관이 일상이 돼 고치기도 힘든 지경에 이른다면, 삶이라는 소중한 시간과 매일 우리를 스쳐 가는 좋은 기회를 스스로 발로 차버리는 셈이다.

사람이 순식간에 변하기는 어렵다. 사람은 매일 1%씩 운명을 만들어나가기 때문이다. 좋은 습관으로 충만한 하루를 보냈다면 오늘 나는 한 걸음 더 발전한 것이다. 반면에, 나쁜 습관으로 하루를 보냈다면 그건 1% 퇴보한 것이다. 따라서 내가 오늘 하루를 사소한 나쁜 습관으로 깎아먹지는 않았는지 면밀하게 들여다볼 필요가 있다.

내가 추천하는 방법은 '나쁜 습관 리스트'다. 한번, 조용히 혼자 책상 앞에 앉아서 내가 어떤 나쁜 습관을 갖고 있는지 되돌아보는 시간을 가져보자. 그리고 그중에 가장 버리고 싶은 나쁜 습관 3가지를 아래 빈칸에 적어보자.

　자신의 나쁜 습관을 파악하고 있다는 것만으로 개선의 여지가 있다. 대부분은 나쁜 습관인지 인식조차 하지 못하고 있었을 것이다. 혹시 온통 나쁜 습관 투성이라 해도 너무 낙심하지 말자. 좋은 습관으로 내 인생을 가득 채울 기회가 찾아온 것이다.

재미와 습관,
두 마리 토끼를 다 잡는 방법

 가끔 왜 그렇게 책을 많이 읽냐는 질문을 받을 때가 있다. 그러면 나는 독서하는 재미를 발견했기 때문이라고 대답한다. 그래도 의아하다는 반응이 돌아올 때가 많다. 아마도 독서는 공부라는 인식 때문인 것 같다. 사실 공부는 나도 재미없다. 그치만 독서는 흥미진진하다. 나에게 독서는 공부가 아니다. 그래서 기꺼이 지속할 수 있다.
 아무것도 하지 않거나 의미 있는 15분을 보내거나 둘 중에 하나만 선택하라면 무엇을 고르겠는가? 아무것도 하지 않으면 좋다. 짜릿하기도 하다. 그런데 그 짜릿함은 얼마 가지 않는다. 쉽사리 사라진다면 진짜 재미가 아니다. 진짜 재미란 무엇일까? 한순간의 쾌락은 아닐 것이다. 끈기 있게 무언가를 지속하는 것이 결국 진짜 재미

를 알려준다. 짜릿함도 오래간다.

자기 효능감은 어떤 상황이나 과제가 생겼을 때 해결할 수 있다는 자기 자신에 대한 기대와 믿음이다. 세상과의 상호작용을 바탕으로, 스스로가 세상에 필요한 사람이라 느끼게 하기 때문에 그 쾌감이 상당하다. 질적으로 다른 차원의 기쁨과 동기부여를 불러와 이를 경험해본 사람은 자꾸만 다시 경험하고 싶어 한다. 그래서 단 15분만이라도 스스로 경험해보는 것이 무엇보다 중요하다. 그 쾌감이 끈기로 이어지기 때문이다. 쾌감이 끈기를 이끄는 동력이 되면 웬만해서는 중간에 그만두지 않는다.

앞서 내가 말한 네이버 카페 '사고혁신연구소'에서는 필사와 함께 '멘탈 트레이닝'이라는 100일짜리 훈련 프로그램도 지속해오고 있다. 멘탈 트레이닝은 하루 15분으로 나라는 사람이 어떤 존재인지 알아보는 셀프 멘탈케어 프로그램이다. 100일 동안 1단계부터 4단계까지 질문에 답하면서 깊이 있는 자기 분석 시간을 갖고, 매일 내 잠재의식을 기록한다. 대략적으로 소개하자면 다음과 같다.

> **1단계 멘탈 트레이닝 [1일-25일]**
>
> 나는 누구인가?
> 나는 어떤 성장 과정을 거쳤는가? 그 성장 과정이 현재의 나에게 준 영향은 무엇인가?

내가 가진 자원은 무엇인가?

나는 어떤 것에 재능이 있나?

어렸을 때 나는 어떤 자성 예언을 했는가? (자성 예언이란 학습자의 학습 수준이 교사가 기대하는 수준에 부합하는 현상을 뜻한다.)

그동안 살아오면서 나의 심리적 환경은 어떠했는가?

나는 무엇을 할 때 가장 행복한가?

나는 어떤 삶을 살고 싶은가?

지금 떠오르는 느낌이나 생각은 무엇인가?

3단계 멘탈 트레이닝 [51일-75일]

내가 생각하는 최고의 인생이란 무엇인가?

심리적 햇살을 받기 위해 나는 어떤 생각을 해야 하는가? (심리적 햇살이란 심리적 위축의 반대 개념으로, 자아의 강점에 집중하고 심리적 결핍으로 이어지는 것을 방지하는 생각이나 행위를 말한다.)

원하는 목표가 이루어진 현재 완료형의 문장으로 나를 표현해보자.

최고의 인생을 사는 자신을 떠올릴 때 드는 감정과 느낌은 어떠한가?

오늘 스스로에게 어떤 칭찬을 해주었는가?

심리적 햇살을 받은 후 자신의 감정상태는 어떠했는가?

지금 떠오르는 느낌이나 생각은 무엇인가?

그런데 혼자 무언가를 100일 동안 지속하기란 사실 매우 어렵다. 그래서 온라인 커뮤니티에서 사람들과 같이 피드백을 주고받으며 도전하는 게 큰 도움이 되는 것이다. '사고혁신연구소'의 회원들은 매일 게시판에 자신이 작성한 멘탈 트레이닝 일지를 인증하며 100일 도전을 달성해 나간다. 간단한 방법 같아도 혼자 할 때와는 달리 완주율이 무려 69%에 이른다. 더욱 신기한 점은 100일을 완주하면 200일 완주도 쉬워진다는 것이다. 꾸준하게 100일을 완수했다는 쾌감에 힘입어 200일, 300일 도전도 너끈하게 해낸다. 매일 15분 동안, 100일을 지속한 경험을 발판 삼아 더 큰 추진력을 얻는 것이다.

'내가 이렇게 해낼 수 있는 사람이구나!'

스스로의 능력을 확인하고 커다란 재미를 경험할 수 있다. 이 재미를 아는 사람은 계속해서 몰두할 수 있는 새로운 도전거리를 찾아 성취해 나간다. 주체적으로 좋은 습관을 만들 수 있고, 이 습관으로 새로운 재미를 느낀다면 자기 통제력이 강한 사람으로 변모한다.

◆ ◆ ◆

2014년 데뷔작으로 『독서로 세상을 다 가져라』를 출간한 뒤로 독자님들과 소통창구가 필요하다는 생각에 블로그를 개설했다. 읽을거리가 없는 블로그는 아무도 방문하지 않을 것이 뻔하기 때문에 콘텐츠로 채워야 했다. 그래서 쓴 방법이 하루 3개의 포스팅을 올리는 것이었다.

포스팅을 하는 장소는 따로 정해놓지 않았다. 지하철을 타다가 좋은 생각이 떠오르면 바로 스마트폰 블로그 앱을 열고 글을 썼다. 블로그 콘텐츠 만들기에 집중을 하니 주변의 모든 일이 글감으로 보였다. 하루 3개의 포스팅을 하는 데 걸리는 시간은 15분 정도였다. 블로그용 포스팅 글을 하나 쓰는 데 5분 정도 소요된다. 처음부터 그렇게 빨리 쓰지는 못했다. 점차 습관이 들면서 글 쓰는 속도가 빨라져 하루 15분 남짓으로도 블로그를 운영할 수 있었다.

내가 특별히 끈기 있는 성격이라 매일 지속할 수 있었던 건 아니다. 블로그가 재미있었다. 글을 쓰면 즉각 반응을 볼 수 있다는 것이 온라인 글쓰기의 매력이다. 거슬러 올라가보면 싸이월드가 시작이었다. 그다음은 블로그와 카페였다. 그렇게 여러 플랫폼을 거치며 쌓아온 온라인 콘텐츠 제작 경험이 지금 유튜브 채널로 독자님들과 소통하는 데 결정적인 역할을 해줬다. 하루 15분으로 온라인 콘텐츠를 제작하는 감을 잡고, 재미를 발견하고, 습관을 만든 것이다.

어떤 일을 수십 년간 해온 사람들만이 풍기는 깊은 매력이 있다. 그들은 낙숫물이 댓돌을 뚫는 경험과 희열을 맛본 이들이다. 그것은 고통이 아니다. 사람이 고통을 느끼면 미간을 찌푸리게 되고 얼굴에 깊은 주름이 패인다. 하지만 이들은 목소리에 힘이 있고 얼굴에는 자신감이 흐른다. 능동적으로 삶을 계획하고 전략적으로 습관을 만들어온 사람만이 갖고 있는 아우라를 띤다. 이 아우라가 평범한 사람들에게서는 느낄 수 없는 매력이 되는 것이다. 또한, 습관을 만들기까지 어떤 과정을, 어떻게 지속해야 하는지 방법을 알고 있기 때문에 목표한 바를 이루는 삶을 산다. 그들에겐 이 모든 게 재미고 동기부여다.

아무리 주변에서 독서하라고 강권해도 본인이 책에 재미를 느끼지 못하면 평생 진중하게 책 읽는 시간을 가질 수 없다. 억지춘향은 오래가지 않는다. 반면, 재미를 발견하면 읽지 말라고 해도 알아서 밤을 새워 독서를 한다. 날밤을 세워서 만화책을 탐독하듯이 말이다. 습관 만들기도 재미를 찾으면 고통스럽지만은 않다.

습관은 서로 이어져 있다. 그래서 좋은 습관은 좋은 것을 눈덩이처럼 끌어오고, 나쁜 습관은 더 나쁜 것을 삶에 끌어들인다. 좋은 습관을 지속하다 보면 뜻밖의 짜릿함을 경험하게 될 때가 많다. 그 재미가 습관이 주는 보상이다. 그 즐거움으로 습관을 지속할 수 있다.

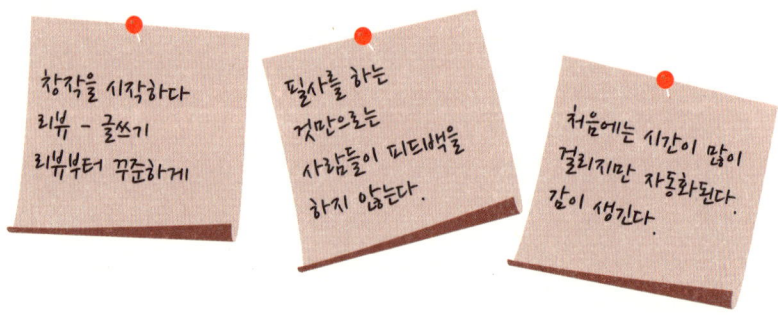

나는 어떤 생각이 나면 무조건 포스트잇을 꺼내 적어둔다. 그렇게 써둔 포스트잇이 기가 막힌 아이디어로 재탄생하기도 한다. 그래서 포스트잇에 적은 메모는 활용하기 전에 버리지 않는다. 손바닥만 한 포스트잇에 적어둔 문장 하나가 책 제목이 되기도 하고, 강연 프로그램이 되기도 하고, 유튜브 콘텐츠가 되기도 한다. 작은 습관 하나가 눈덩이처럼 커지는 경험을 불러오자 습관을 지속하는 재미를 느꼈다.

어떤 습관을 성공적으로 만들려면 쉽게 시작할 수 있고, 단순하게 행동할 수 있고, 재미있게 지속할 수 있어야 한다. 포스트잇에 그때그때 떠오른 생각을 메모하는 건 어려운 일이 아니다. 쉽게 시작할 수 있다. 준비물도 포스트잇과 펜만 있으면 된다. 쭉 모아두면 쌀이 되고 밥이 되는 콘텐츠로 탄생해서 독자님들과 소통할 수 있으니 재미도 있다.

우리가 하는 모든 일에는 재미가 깃들어 있다. 이 재미를 발견하는 사람은 좋은 습관을 만들고 지속할 수 있다. 모든 일을 재미있게 받아들이는 여유도 생긴다. 그러면 인생도 유쾌해진다. 아무리 의욕이 강하고 인내심이 대단하다고 해도 즐기는 사람보다 오래가지는 못한다. 끈기는 고통스럽지만 재미는 오래간다. 오래가려면 재미를 찾자. 재미를 발견할 줄 아는 사람은 끈기나 인내심이 없어도 인생을 즐긴다. 재미를 원동력으로 삼으면 남들이 말려도 결국 끝까지 해낸다.

PART 5

힘 빼고 가볍게,
게임처럼 하루 15분

15분을 붙잡으면 인생은 흘러가는 것이 아니라
채워지는 것이라는 걸 경험할 수 있다.

힘 안 들이고 자동으로 성취하는 마법, 그 이름은 습관!

하기 싫거나 이루기 어려워 보이는 목표를 수행하는 방법은 그것을 '게임화'하는 것이다. 게임에서 퀘스트를 하나씩 달성하는 것처럼 시도하면 난공불락처럼 보이는 목표도 정복할 수 있다. 하루 15분 습관에 게임 요소를 더하는 것이다.

하루 15분 운동하기를 목표로 삼았다면, 15분 운동을 한 뒤 달력에 동그라미를 친다. '참 잘했어요' 도장이나 스티커도 좋다. 별 것 아닌 것처럼 보여도 내가 하루하루 실천한 것들을 가시화해서 보면 동기부여가 되고, 매일 도장 찍는 맛에 쾌감을 느껴 게임처럼 재미있게 실행할 수 있다. 이렇게 매일 달성 도장을 찍고, 일주일 단위로 자신에게 보상을 주는 시스템을 만들어두면 뇌 속 도파민 스위치가 켜져 지속적으로 실행할 수 있게 된다.

이 경험을 한 달이라도 지속하면 도장을 찍는 데 이미 쾌감이 있는 상태이기 때문에 좀처럼 행동을 그만둘 수가 없다. 꼬박꼬박 게임 퀘스트를 수행하는 것처럼 습관을 지속하면 도파민 회로도 활성화된다. 습관 만들기가 어렵게 느껴진다면 이 방법을 추천한다. 초기에는 잠깐 뇌를 속여 게임이라고 인식하게 한 다음, 도파민 스위치를 켜게 해서 습관 중독에 빠지게 하는 방법이다.

나는 하루 15분 아령운동을 실천하며 달력에 스티커를 붙였다. 그러자 스티커 붙이기에 중독이 돼 스티커를 붙이려고 운동을 했다. 어떤 스티커를 붙일지 고르는 것도 또 하나의 재미였다. 일주일 동안 달력을 채웠다면 자신에게 보상을 한다. 이러면 매일 습관을 실천하는 일이 게임처럼 느껴져 운동을 빼먹지 않을 수 있다.

근육은 하루아침에 생길 리가 없기 때문에 포기할 가능성이 크다. 그럴 땐 오히려 쉽고 재미있는 방법이 통할 수 있다. 게임화하는 데 성공하면, 한 달이 금방 석 달이 되고, 석 달이 쉽게 1년이 된다. 그렇게 아령운동을 1년 이상 지속하자 생활 습관으로, 삶의 루틴으로 자리 잡았다.

아령운동을 한 뒤에 거울을 보면 상체 근육이 탄탄하게 자리 잡아가는 모습이 보인다. 그것이 매일 무거운 몸을 일으켜 운동한 내게 큰 보상이 된다. 그러면 더 열심히 달력을 채우게 된다. 이를 테면 자기 투자형 놀이인 셈이다. 새로운 도전거리가 생길 때마다 이 방법을 쓰면 좋다.

◆ ◆ ◆

 일어나서 세수를 하고 양치를 하는 데 큰 힘을 들이지는 않는다. 습관이 돼서 일어나면 자동적으로 욕실로 향한다. 칫솔을 들고, 양치컵에 물을 채우고, 치약을 짠다. 이 과정이 태어날 때부터 몸에 익숙하지는 않았을 것이다. 숨을 쉴 때 의식적으로 숨을 쉰다고 생각하지 않는다. 걸을 때도 어떻게 걸을지 걷는 행위 자체에 집중하지는 않는다. 운전도 언제 액셀을 밟을지, 브레이크를 밟을지 의식적으로 계산해서 하지 않는다. 습관처럼 한다.
 우리가 하는 일의 대부분은 이렇게 무의식적으로 행하는 것들로 이루어져 있다. 습관은 하나하나 의식하지 않아도 몸이 저절로 움직이는 것을 뜻한다. 습관으로 몸에 익으면 일일이 신경을 쓰지 않아도 몸이 기억한다. 사소한 것도 반복으로 자동화해두면 인생을 살아가는 데 필요한 에너지를 낭비하지 않을 수 있다.

 의미 있는 결과를 도출해내기 위해서는 과정에 집중하는 습관이 필요하다. 결과보다 과정 자체에 집중해야 결과라는 집착에서 벗어날 수 있다. 무엇을 하든지 결과에 집착하면 마음이 힘들다. 과도하게 긴장해서 정작 중요한 날에 의미 있는 결과가 나오지 않을 수도 있다. 과정에 집중하는 습관이 들면 큰 힘을 들이지 않고도 결과를 내는 것이 수월해진다. 감각이 몸에 익으면 그때부터는 자동화

시스템처럼 알아서 돌아간다.

결과에 전전긍긍하면 사람의 진을 빼놓고, 경쟁의 압박감을 의식하게 만들어 좀처럼 과정에 집중할 수 없게 된다. 반면, 과정에 집중하는 습관은 그 자체로 엄청난 힘이 있다. 확신을 주기 때문이다. 압박감을 넘어서고, 이기는 방법은 오직 하나다. 과정을 중시하면 결과를 걱정하며 흘려보내던 시간을 줄이고 바로 실행에 몰입할 수 있다. 몰입하기 위해 따로 힘을 들이지 않아도 곧바로 몰입하는 효율적인 습관 시스템을 갖추게 된다. 과정을 즐기고, 집중했다면 그걸로 충분하다. 결과는 그다음이다.

어차피 결과는 내가 결정하는 것이 아닐 경우가 많다. 그러니 우선 과정에 집중하는 습관을 만들어보자. 그러면 모든 압박감을 이길 수 있게 될 것이다. 결과에 연연하지 않고 지금에 몰두할 수 있는 집중력과 차분함은 과정에 집중하는 습관의 결과다. 오히려 결말에 집착하지 않기 때문에 노련해질 수 있다.

내가 만약 살을 빼겠다는 결과에 집착했다면 아령운동을 오랜 기간 지속하기가 어려웠을 것이다. 매일 체중계에 올라가 몸무게를 체크하며 살이 안 빠진다고 안달복달했다면 금방 운동을 때려치우고 말았을 것이다. 체중감소라는 결과에는 무심하고, 부담 없이 스티커로 달력을 채워가는 과정에 집중하니 습관을 지속할 수 있었다.

어떤 일을 하는 데 시간이 없어서 못하겠다는 생각을 하면 정말로 해낼 가능성이 사라진다. **시간이 없다는 프레임으로 모든 일을 바라보면 시간은 언제나 부족하다. 시간이 없어서 하지 못하는 것이 아니라 마음이 없어서 시도하지 않는 것이다.** 15분이 생긴다면 무엇을 할 것인가? 15분 동안 할 수 있는 일의 리스트를 미리 만들어두면 곧바로 실행할 수 있다. 자투리 시간을 쓸모 있게 활용하는 방법도 터득할 수 있다.

우선 꼭 해야 하지만 시작도 하지 않고 있는 일들을 적어보자. 그것을 위해 하루 15분을 내어주자. 도장을 찍어보자. 스티커를 붙여보자. 하루에 한 시간은 무리더라도 15분은 투자할 수 있다. 그렇게 일주일에 5일, 15분씩 실행하는 것이다. 한 달이면 5시간이나 실행하는 것이다. 6개월이면 30시간이다. 1년이면 60시간이다. 60시간이나 해냈다면 어느 정도 성취를 이루었을 것이다. 앞으로 그 이상도 문제없다. 하루 15분이라도 해보면 된다. 중간에 포기하지 않고 지속할 수 있다면 성취는 알아서 굴러 들어온다.

습관으로 몸에 붙으면 그 습관은 나를 떠나지 않는다. 스티커를 붙이는 재미로 시작한 아령운동이 평생 나를 떠나지 않는 생활 습관이 된 것처럼 말이다. 결과에 집착하면 울퉁불퉁한 길을 묵묵히 걸어가는 것이 어렵지만, 습관의 힘을 믿는다면 기꺼이 해낼 수 있다. 굽이굽이 굽은 길을 걷는 것이 자연스러운 과정이라는 것을 깨닫게 된다.

  15분이라도 활용해보겠다는 마음이 섰다면 이미 습관을 만들 준비가 돼 있다는 뜻이다. 작은 일이라도 무엇이든 도전하는 것에 주저하지 않는 태도는 삶을 단단한 반석 위에 올려놓는다. 하루하루 15분을 투자해 작은 습관을 만들면, 그 작은 습관들이 모여 인생의 큰 흐름을 만든다. 습관이 아무리 작더라도 시간이 누적되면 복리가 붙는다. 이제 15분이 일으키는 놀라운 나비효과를 직접 체험해보자.

시간이 없어서 하지 못하는 것이 아니라
마음이 없어서 시도하지 않는 것이다.

삶에서 무엇을 익숙하게 만들었는가?
1% 성장의 저력

괴테는 시간에 대해 "잘 쓰기만 하면 언제나 충분한 것"이라 말했다. 시간을 제대로 못 쓰는 사람들만이 언제나 시간이 없다며 해야 할 일로부터 도망가기 바쁘다. 나 또한 그러했다. '시간이 없어서'라는 핑계를 달고 살았다. 그러다 삶을 돌아보니 무엇 하나 끝장을 본 게 없는 것이다. 매사에 도망가기 바쁜 사람으로 계속 살아갔다면 운명은 어떤 방향으로 흘러갔을까?

운명은 하루하루 느리게 쌓아올리는 것이다. 그렇게 차근차근 쌓아올린 하루들이 모여 운명의 흐름을 만들고, 소용돌이를 일으키는 것이다. 불교에서는 이것을 가리켜 작은 덕이 쌓여 큰 덕으로 되돌아온다는 뜻의 덕업(德業)이라고 한다. 길가에 쓰레기를 줍는 습관, 자신이 조금 수고스러워도 남을 도와주는 습관, 지구와 생명에 도움이 되는 행위가 쌓이면 그것이 큰 공덕(功德)이 된다.

　좋지 않은 일이나 나쁜 흐름도 원인을 찾아 들어가면 하루하루 쌓아올린 습관에 의해 파생된 것이다. 이미 몸에 밴 습관은 되돌리기가 힘들다. 인간은 관성에 따라 움직인다. 어제 했던 일을 오늘도 하고, 오늘 한 일을 내일도 한다. 관성을 이길 수 있으면 사람은 무슨 일이든 해낸다. 새로운 것에 도전하는 습관을 들이면 관성을 바꿀 수 있다. 새로운 습관으로 새로운 관성을 만드는 것이다.

◆ ◆ ◆

　책을 쓰는 과정, 책의 완성까지의 과정을 100으로 나눠본다면, 하루 1%씩 진전해도 100일이면 책 한 권이 완성된다. 그런데 하루 1% 성장을 피하고 미룬다면 평생이 지나도 책 한 권 쓸 수 없다. 한순간에 벼락치기로 가능한 일도 한계가 있다. 안 되는 경우의 수가 훨씬 많다. 코끼리를 냉장고에 넣는 방법은 여러가지다. 무리해서 이루려고 말고 코끼리라는 거대한 산을 어떻게 나눠서 냉장고에 집어넣을 수 있을까를 고민하자. 그렇게 매일 한 걸음씩 조금이라도 전진하다 보면 어느새 산등성이 중간에 올라와 있을지도 모른다.

　책을 읽으러 도서관에 가는 길 15분이 가장 힘들다. 잠에서 깨어 침대에서 일어나기까지 15분이 가장 힘들다. 글을 쓰려고 노트북을 펼치고 집중하는 초기 15분이 가장 힘들다. 운동하려고 헬스클

럽에 가는 15분의 발걸음 떼기가 가장 힘들다. 해야 하는 일에 빨리 집중할 수 있는 것도 습관이다. 빠르게 적응하고 유연하게 대처하는 능력도 습관을 만드는 역량이 쌓이면 따라온다.

얼마 전, 평소 3D 프린터에 관심이 있었던 내게 운 좋게도 배울 기회가 생겼다. 두근거리는 마음으로 첫 수업에 들어가 자기소개를 하는데, 건너편에 앉은 나이 지긋한 어르신의 말씀이 참 인상 깊었다. 내 나이가 올해 84세인데, 3D 프린터가 미래를 선도할 산업 분야라서 꼭 배우고 싶다는 생각에, 수업을 신청했다고 하시는 게 아닌가! 게다가 얼리어답터라서 새로운 기계를 먼저 경험해보는 걸 주저하지 않는다고도 하셨다.

3D 프린터를 처음 다뤄보는 사람은 수업 진도를 따라가기 벅차다. 젊은 사람들도 간신히 수업 진도를 쫓아가는데 어르신은 여유롭게 따라가시는 것을 보니, 이제까지 어떤 태도로 삶을 살아오셨는지 짐작할 수 있었다.

사실 마흔만 돼도 호기심을 잃고 새로 배우는 것을 꺼려한다. 나이가 들면 배우는 속도도 예전 같지 않고, 무언가를 배운다는 것 자체에 가치를 두는 사람이 드물어진다. 하지만 배우지 않으면 변화할 가능성도 줄어들고 기회가 왔을 때 제대로 활용하지 못한다. 이제 배울 나이는 지났다고 여기면 정말 그런 사람이 되는 것이다. 어려운 것이라도 일단 배우려고 시도하는 습관, 재미없고 힘들어지는 구간을 극복하는 습관을 갖고 있다면 나이에 관계없이 시대의 흐름을 주도할 수 있다. 또 배움을 좋아하고, 배움이 습관인 이에게는 배울 기회도 자주 생긴다.

사람들은 각자 자신만의 생존 방법이 있다. 그 방법은 습관을 바탕으로 한다. 좋은 습관은 좋은 생각에서 비롯한다. 길을 찾으려고 하는 사람에게는 길이 보이고, 길이 없다고 주저하는 사람에게는 온 천지가 암흑이다. 매사 부정적이고 나쁜 것만 보는 사람에게 꽃길이 펼쳐지지 않는다.

내가 오늘 던진 습관이라는 부메랑은 그대로 나에게 돌아온다. 고난이 오면 그것을 지렛대 삼아 돌파하는 것도 습관이고 버릇이다. 포기하는 사람은 포기가 익숙하다. 삶에서 무엇을 익숙하게 만들었는지가 삶의 모양을 결정한다. 세상 만물을 장애물로 보는 사람은 걸려 넘어질 일만 생길 것이다. 하지만 만물을 디딤돌로 여기는 사람이라면 딛고 일어설 것이 많아진다.

우리는 언제든 성장할 시간이 충분하다. 삶을 재미있게 즐겨도 된다. 즐기듯이 하는 사람이 오래간다. 즐기듯이 해야 지속하는 끈기도 생긴다. 24시간의 1%는 하루 15분이다. 하루 15분, 1%의 성장을 멈추지 않고 지속한다면 1년에 365% 성장할 수 있다. 굳게 쌓은 철옹성도 하루 1%씩 점령하는 것을 멈추지 않는다면 결국 무너뜨릴 수 있다. 나이 탓, 환경 탓을 하는 습관보다 힘들고 어렵더라도 배우면서 돌파해 나가는 삶의 습관을 가진 사람이 스스로의 운명을 개척한다. 내 나이가 몇이어도 3D 프린터 프로그램을 배울 수 있다! 천천히 성장하는 것을 두려워 말고, 멈추는 것을 두려워하자.

습관은 사람과 함께 오고
사람과 함께 간다

운명을 가장 극적으로 변화하게 하는 것은 만남과 이별이다. 우리는 누군가를 만나고, 누군가와 이별하는 것을 통해 변화하고, 성장하고, 깨닫는다. 좋은 사람들과의 교류는 성장으로 이어지지만 좋지 않은 사람들과의 교류는 퇴보로 통한다. 주변 사람 모두가 나의 습관에 영향을 줄 수 있는 것이다. 내 운명 또한 주변 사람의 영향을 받아 결정짓게 된다면 어떻겠는가? 그들과의 대화가 무의식에 저장되고, 무의식에 저장된 정보는 마음에 영향을 미친다. 생각이나 마음 습관은 내 행동에 그대로 묻어나오는 법이다. 그것이 나라는 사람의 하루와 운명을 결정짓는다.

인간은 주변 사람의 행동을 모방한다. 인간은 사회적 존재로서, 타인과의 상호작용을 매개로 생활한다. 따라서 나와 가장 가까운 사람의 행동은 바로 나의 행동이 될 수 있다. 나와 가장 많은 시간을 보내는 사람은 내 인생에 직접적인 영향을 준다. 인맥이 바뀌어야 운명 또한 변한다. 만나는 사람이 그대로라면 운명은 변하지 않는다. 지금까지 주변에 있었던 사람과 앞으로도 쭉 함께라면 기존 습관을 고치기 힘들고, 운명도 바뀌지 않는다. 그래서 운명이 바뀌는 시작점을 이별이라고 하는 것이다. 이별을 해야 새로운 사람을 만난다. 만남과 이별 속에 운명의 변화가 들어 있다.

나와 가장 가까운 사람은 생활 습관도 대체로 나와 비슷하다. 식습관, 운동 습관, 마음 습관도 크게 차이 나지 않을 것이다. 몸에 밴 습관은 전염성이 강하다. 친구 따라 강남 간다는 말이 있듯이, 가까운 친구가 흡연을 하면 나 또한 흡연할 가능성이 18배나 높아진다는 연구결과도 있다. 어릴 적 담배 피우는 어른을 보고 자란 아이가 흡연자로 자랄 가능성은 그렇지 않은 아이보다 6배가 높다고 한다. 그만큼 인간은 환경의 동물이다.

나와 가장 가까운 사람은 서로의 운명을 결정할 정도로 막강한 영향력을 주고받는다. 주변에 좋은 사람이 없다면 나 또한 좋은 사람이 될 가능성이 낮아진다. 타고난 품성이 아무리 훌륭해도 나쁜 친구와 어울리면 금세 진흙탕을 뒹굴게 된다. 마찬가지로 내게 좋은 습관이 없다면 좋은 습관을 가진 사람을 만나기 힘들다.

앞서도 말했듯 습관은 관성이다. 인간은 지금까지 해온 일을 내

일도 하고, 모레도 하고, 글피도 하고, 1년 후에도 한다. 사람은 같은 무리끼리 사귀게 된다. 따라서 가장 가까운 친구는 제 2의 자아다. 친구를 보면 그 사람을 알 수 있다. 친구는 인생의 나침반이다. 좋은 사람 옆에는 더 좋은 사람이 있기 마련이다. 나쁜 사람 주변에는 더 나쁜 사람이 들끓는다. 사람과 사람 사이에 간극이 크면 가까워지기 힘들다. 마음의 파장이 다른 사람과는 결국 어울리지 못한다.

나와 가장 가까운 사람이 지닌 습관은 무엇인가? 나는 주변 사람에게 어떤 영향을 주고 있는가? 부모의 습관은 아이에게 대물림되고, 사회의 습관은 공동체의 미래로 이어진다. 인간은 자신의 운명을 바꿀 수 있다. 바로 습관으로 말이다.

좋은 것을 수집하고, 밝은 마음을 나눠주는 습관이 있는 사람은 그것을 좋아하는 벗이 주변에 모인다. 나와 내 주변, 사회와 좋은 상호작용을 하려면 나부터 좋은 습관을 가지면 된다. 좋은 파장을 내보내면 좋은 파장이 돌아온다.

◆ ◆ ◆

니시나카 쓰토무는 『운을 읽는 변호사』라는 책에서 50년간 변호사로 활동하면서 지켜본 수많은 갈등에 대해 이야기한다. 그는 유난히 법적 분쟁을 자주 하는 의뢰인들에게서 한 가지 공통점을 발견했는데, 모두 마음이 인색하다는 것이었다.

그들은 결코 주변에 마음을 쓰는 법이 없었다. 남에게 친절을 베풀거나, 배려하거나, 칭찬하지 않았다. 마음 쓰는 일을 등한시하면 남과 더 이상 잘 지내지 못한다. 남의 흠결은 잘 보면서 남의 장점은 보지 못하는 것도 마음의 습관이다. 장점에 집중하면 칭찬할 거리는 얼마든지 보인다. 마음 습관을 바꾸면 되는 것이다.

시간을 들여야만 덕이 쌓이듯이 좋은 습관도 하루아침에 좋은 성과를 가져다주지는 않는다. 성급한 사람들은 큰 덕을 이루지 못한다. 오랜 시간을 두고 차근차근 쌓아가야 할 인간관계에서도 서투르다. 진한 우정도 세월을 거치면서 서로 꾸준히 공명해야 유지된다.

운명은 일상에서 무엇을 축적하는가에 따라 형성된다. 하루하루를 즐겁게 보내면 운명이 밝아진다. 좋은 기운이 붙어 좋은 운명이 된다. 사소한 습관도 매일 반복하면 그 모습이 눈에 보이는 현상으로 드러난다. 에이브러햄 링컨(Abraham Lincoln)은 "마흔 이후에는 자기 얼굴에 책임을 져야 한다"고 했다. 표정은 생각과 마음 습관뿐만 아니라 삶의 이력까지 보여준다.

표정에서 생각이 드러나니 인상이 비슷한 사람들끼리 서로 알아보고 어울려다닌다. 대인배가 소인배와 어울리는 일은 없다. 대인

배가 의견을 펼칠 때 소인배는 뒤에서 궁시렁거린다. 하는 일마다 어긋나는데, 어떻게 가깝게 지낼 수 있겠는가. 스페인의 철학자 발타사르 그라시안(Baltasar Gracian)은 고등어는 정어리와 어울리지 않는다고 했다. 비슷해야 서로 밀어주고 끌어줄 수 있는 것이다.

불교에서는 공덕에 대해서 그 결과보다 그것을 쌓고 닦아나가는 과정을 중요시한다. 공덕은 뛰어난 성질이라는 의미를 포함한다. 나를 이롭게 하고, 남을 이롭게 하고, 그 안에 뛰어남이 깃들어 있다면 그것이 바로 공덕이다. 공덕이 쌓이면 귀인이 나타나 좋은 습관을 이루게 하는 좋은 영향을 나눠줄 것이다. 좋은 영향을 받으면 나 또한 좋은 기운을 내뿜는다. 좋은 에너지가 파장을 일으켜 선순환을 이룬다.

아무리 지금 준수한 인생을 살고 있다 하더라도 나쁜 습관을 지속한다면 파국에 이르게 될 것이다. 자기 자신을 해치는 나쁜 습관도 치명적이지만 남에게 손해나 상처를 입히는 일을 지속적으로 한다면 주변 사람들에게까지 그 영향이 독버섯처럼 퍼진다. 남을 대하는 태도도 습관이다. 선순환을 만들 것인가, 악순환을 만들 것인가?

내 주변에 도움되지 않는 사람들이 들끓는다면 평소에 자신이 사람을 어떻게 대하는지, 자신의 습관을 점검해보자. 혹시 내가 주변 사람에게 도움을 주지 않았기 때문에 도움받을 수 없는 것은 아닌가? 인생은 어떻게 보면 단순하다. 좋은 사람과 지내고 싶다면 내가 남을 대하는 태도를 좋게 바꾸면 된다. 건강한 인간관계를 만들고 싶다면 처음부터 욕심내지 말고 15분만이라도 남을 위해 시간을 내는 습관부터 들이자.

매일매일 지속할 수 있다면 15분은 30분이 되고, 10시간이 되고, 한 달이 된다. 꾸준하게 지속한다면 어느새 내 주변에 좋은 사람이 가득할 것이다. 좋은 영향을 주고, 좋은 영향을 받는, 좋은 운명의 흐름을 원한다면 사람을 대하는 마음 습관부터 다시 설계하자. 하루 15분만이라도 남의 입장에서 생각할 줄 안다면 삶의 방향도 1도씩 바뀔 것이다.

친구는 인생의 나침반이다.

태도도 쌓이면
빛나는 실력이 된다

사람은 혼자 살지 못한다. 사람이 숨 쉬고 살아가는 데 필요한 거의 모든 것은 사실 타인으로부터 왔다. 그 감사함을 알지 못하고 주변 사람들에게 함부로 하는 태도도 습관이고 버릇이다. 외롭게 혼자 늙어 죽지 않으려면 자신의 잘못된 습관에 대해서 객관적으로 파악하고 있는 것이 좋다.

전 직장에 언제나 웃는 낯으로, 다른 사람의 말에 귀 기울이는 동료가 한 명 있었다. 항상 친절하고 사려 깊다는 칭찬을 듣는 그녀였는데, 어쩐지 20대 중반에는 그와 반대로 눈치 없다는 말을 자주 들었다고 한다. 업무 지시에 동문서답하고 자주 덤벙거리기까지 해서 하루에도 몇 번씩 꾸지람을 듣는, 한마디로 눈치꽝이었다는 것이다. 그랬던 그녀가 지금은 어떻게 모두가 좋아하는 사람이 될 수 있었던 걸까? 자신의 단점을 극복하고 싶었던 그녀는 용기를 내서 주변에 조언을 구하고, 기꺼이 귀담아들었다고 한다. 그녀에게 조언을 해주는 사람은 진심으로 그녀를 아끼는 사람이라는 것을 믿고, 조언을 감사하게 여기며 단점을 고쳐나갔다.

물론 시행착오도 많았다. 그래도 자신의 단점을 인지하고 극복하려 애쓰는 모습을 주변 사람들이 알아주고 도와준 덕분에 해낼 수 있었다고 한다. 그렇게 10년이 지나자 그녀는 원하던 변화를 이룰 수 있었다. 자신의 단점을 극복하는 데 성공했을 뿐만 아니라 주변에 좋은 친구들도 많아졌다.

그녀는 자신의 치명적인 단점을 그대로 내버려두지 않았다. 어떻게 하면 단점을 고칠 수 있을지를 항상 염두에 두고, 잘못을 지적해주는 사람들과 두루 친목을 다지며, 쓴소리를 마다하지 않았다. 만약 그녀가 쓴소리를 그냥 흘려들었다면 이렇게 자신의 운명을 바꿀 수 있었을까?

20대 중반에 사회생활을 시작해 회사에서 살아남는 것에 집중하자 자신에게 쓴소리를 해주는 사람들의 유익함을 깨달았던 것이다. 그녀는 만인이 알고 있는 자신의 단점을 직시하고, 인정하고, 기꺼이 받아들였다. 그래서 눈치가 없음에도 고립되지 않았고 주변 사람들과 이상적인 관계를 유지할 수 있었다.

자신의 장점은 잃지 않으면서 치명적인 단점은 극복하는 훌륭한 습관은 아마 그녀의 인생 내내 지속될 것이다. 좋은 습관의 저력은 이렇게 꾸준히, 평생에 걸쳐 빛을 발한다.

이제 30대 중반이 넘은 그녀의 곁에는 훌륭한 벗들이 항상 옆에서 엇나가지 않도록 쓴소리를 해주고 있다. 쓴소리를 귀담아듣는 사람에게 좋은 이야기를 해주고 싶은 것이 사람의 본성 아닌가. 그녀는 자신보다 좋은 습관을 지닌 사람들을 항상 곁에 두고 있다. 사람들은 나서서 그녀를 도와주려 한다. 그 덕분에 이직도 수월하게 했다. 쓴소리를 해주는 좋은 사람들을 곁에 두어 삶의 질을 향상시킨 것이다.

용기 있게 조언을 받아들이고, 시간을 들여 나쁜 습관을 기꺼이 고쳐나간 그녀에게 박수를 보내고 싶다. 그녀야말로 자신의 운명을 남에게 맡기지 않고 스스로 개척한 사람이다. 태도도 쌓이면 실력이 된다.

인간이라면 누구나 나쁜 습관을 가지고 있다. 완벽한 인간은 세상 그 어디에도 없다. 다만 스스로 운명을 개척하고, 운명을 좋은 방향으로 이끌려면 내 치명적인 단점을 알아보고, 그것을 고쳐야 한다. **이것이 좋은 운명을 만드는 좋은 습관이다.**

습관이 미래를 결정한다. 좋은 습관은 쌓아가고, 나쁜 습관은 몸에 익지 않도록 조심하자. 나쁜 습관이 장점까지 잡아먹지 못하도록 하자. 단점을 빨리 알아채고 서서히 고치려는 좋은 습관을 가져라. 운명의 여신이 나를 돌봐줄 정도로 성심성의를 다하자. 고집 피우지 않고 언제든 나쁜 습관을 고치려는 유연함을 갖고 있다면 주변에서도 도움의 손길을 건넬 것이다.

습관은
제 2의 천성이다

 습관은 천성이 된다고 한다. 직업으로 얻은 습관도 10년이 넘으면 천성으로 자리 잡는다. 머릿속에서 계산을 하기도 전에 몸이 자동으로 움직이는 삶이 된다. 그렇다면 무엇을 평생 지속할 습관으로, 천성으로 만들 것인가?
 내가 습관으로 만든 제 2의 천성은 글쓰기다. 글을 쓰지 않으면 불안하고, 노트북이 등가방에 들어 있지 않으면 불안하다. 지금 이 글은 추석 하루 전날, 시댁의 거실에서 쓰고 있다. 설거지를 마치고 한숨 돌리는 사이에도 노트북을 펼치고 글을 쓰는 내 모습을 보니 역시 맞는 것 같다. 수많은 시간을 거쳐 내 몸에 자리 잡은 제 2의 천성 말이다.
 1년 6개월 전에 시작한 유튜브도 마찬가지다. 사실 유튜브를 처음 시작했을 때, 매일 영상을 찍는 습관을 들이는 과정은 정신이 혼미해질 정도로 힘들었다. 글만 쓰던 내가 생각을 문장이 아닌 영상으로 풀어내고, 그것으로 사람들과 소통하는 건 완전히 다른 세계의 일이었다.

영상이라는 새로운 세계에 도전하기에 앞서, 걸음마도 떼지 못한 아기 수준도 안되는 처참한 실력이라는 것을 그대로 인정하고 받아들여야 했다. 그다음에 해야 할 일은 하나였다. 매일 영상을 찍으면서 영상과 친해지는 것이었다.

콘텐츠를 글로 전달하는 것과 영상으로 전달하는 것은 육지 생물이 바다에서 숨을 쉬는 일처럼 험난한 적응기를 거쳐야 한다. 유튜브라는 미지의 세계에 첫발을 들이고 처음 6개월은 그야말로 죽을 맛이었다. 메시지의 표현 방식과 전달 방식을 영상 콘텐츠용으로 아예 새롭게 설계하고 제작하지 않으면 유튜브라는 영상 생태계에 적응할 수 없었다.

그동안 작가로 활동하며 쌓아온 콘텐츠를 영상으로 전달하기 위해서는 그에 대한 명확한 목표를 설정해서 습관으로 만들어야 했다. 1일 1영상 올리기를 몸에 붙는 습관으로 만들기 위해 자나깨나 유튜브 생각만 했다. 난공불락의 커다란 벽이 있다고 해도 작은 주춧돌부터 무너뜨리면 된다는 일념으로 1일 1영상 습관을 실천했다. 하루 24시간을 콘텐츠 발굴과 영상 제작에 쏟아붓자 서서히 성과가 나타났다. 6개월이 지나자 카메라 공포증도 사라지고 어색하던 말투도 자연스러워졌다.

그러자 죽을 만큼 힘들게 느껴지던 영상 제작이 편하게 느껴지기 시작했다. 지금 '사고혁신연구소' 유튜브 채널은 조회수 120만 뷰 돌파라는 성과를 이루고 순조롭게 성장 중이다. 글만 쓰던 글쟁이가 유튜브라는 낯선 영상 플랫폼을 내 집 안방에서 편안하게 제작할 수 있게 된 건 모두 습관 덕택이다.

◆ ◆ ◆

내가 유튜브를 시작한 2018년도에 이미 유튜브는 대세였다. 만일 내가 그때 1년이라도 진입 시점을 미뤘다면 과연 유튜브에서 살아남을 수 있었을까?

2018년 당시에 나는 유튜브를 하지 않고서는 콘텐츠 시장에서 살아남기 힘들다는 판단을 했다. 그래서 더더욱 1일 1영상을 찍고 업로드하는 데 열심이었다. 그렇게 시청자들과 소통하고, 피드백을 받아 개선하다 보니 어느새 영상 콘텐츠에 대한 감이 생겼.

처음 유튜브를 시작했을 때 1일 1영상이 아니라 일주일에 1영상을 제작했더라면 이 정도의 성장은 기대할 수 없었을 것이다. 1일 1영상으로 영상 콘텐츠 감각을 키워갈 수 있었고, 시청자들이 원하는 콘텐츠가 무엇인지 빠른 시간 안에 파악하고 반영할 수 있었다.

유튜브에서 가장 중요한 것은 지속 가능한 콘텐츠를 제작하는 역량이다. 자신이 역량이 있는 사람인지 아닌지는 1일 1영상을 제작해보면 금방 알 수 있다.

죽이 되든 밥이 되든 결과를 내려면 매일 꾸준하게 부딪쳐보는 수밖에 없다. 다니던 길이 아니라고 겁먹고, 익숙하지 않다고 회피하지 말자. 비포장도로라도 매일 조금씩 닦다 보면 어느새 걷기 편한 길이 된다. 덜컹거리는 돌길도 매일 걷다 보면 평평하게 다져지듯이 말이다.

습관이
운명을 만든다

운도 실력이라는 말이 있다. 뭘 해도 잘되는 사람이 있는가 하면 뭘 해도 안되는 사람이 있다. 뭘 해도 잘하는 사람이 있는가 하면 뭘 해도 못하는 사람이 있다. 하지만 실력은 어느 날 갑자기 형성되는 것이 아니다. 어느 날 갑자기 잘하는 스킬이 생길 리가 만무하다. 갑자기 어느 날 잘되고, 갑자기 어느 날 실력이 생길 리가 없듯이, 운명도 갑자기 어느 날 좋아지지 않는다. 우리가 수많은 시간을 들여 쌓아올린 습관이 우리의 운명을 조금씩 바꾸는 것이다. 운이 따르고, 따르지 않고 또한 삶을 통해 내가 차근차근 쌓아올린 결과다.

주변에 유난히 염치가 없는 사람이 있을 것이다. 공짜로 남의 도움을 바라고, 공짜로 호의를 바라며, 한 번 도와주면 두 번 도와달라고 하는 그런 사람 말이다.

염치없는 사람의 특징은 나이가 들어도 이루어놓은 게 없다는 것이다. 항상 그저 염치없이 남에게 부탁하거나 의탁한다. 그 때문에 남이 시간을 쓰고 손해를 보는 것은 헤아리지 못한다. 사람은 누구나 손해 보는 것을 싫어한다. 자꾸 남이 손해 보는 것을 아무렇지도 않게 여기는 염치없는 사람은 피하게 된다. 염치가 없는 사람을 곁에 두고 싶어 하는 사람은 없다.

사회에서 소외되는 사람은 무언가를 이루기가 힘들다. 끝까지 염치없이 구는 버릇을 고치지 못한다면 소외될 수밖에 없다. 도움을 받았으면서 고맙다는 말 한마디 제대로 하지 않는 사람을 누가 환영하겠는가. 주변에 좋은 사람이 없으면 성공하기가 힘들다. 좋은 사람이 곁에서 밀어주고 끌어줘야 빛을 본다. 앞서도 말했듯, 내 주변에 좋은 사람이 없다면 자신의 습관부터 돌아봐야 한다. 운명을 바꾸고 싶다면 나쁜 습관은 지금 당장 버리자.

운은 버스와도 같다. 한 대를 놓쳐도 다음 버스가 온다. 다만, 꾸준히 실력을 닦고 준비를 한 사람만이 그 버스에 탑승할 수 있다. 자신의 이익만 추구하는 이기적인 사람은 언뜻 보기엔 아무 문제 없이 순탄하게 사는 것처럼 보여도, 기회의 버스에 탑승해야 할 결정적인 순간에 거절을 당한다. 결정적인 순간에 도움을 받을 수 없는 운명을 수없이 쌓아온 탓이다.

◆ ◆ ◆

하루는 아주 긴 시간이다. 농사를 지어본 사람은 알 것이다. 새벽 5시에 일어나 씨앗을 뿌리면 하루에 얼마나 많은 씨앗을 뿌릴 수 있는지 말이다.

우리의 삶도 마찬가지다. 하루 24시간은 매우 큰 시간이다. 이 시간을 어떻게 쓰는가는 순전히 개인의 몫이자 선택이다. 어제의 나쁜 습관을 버리고 오늘의 새로운 습관을 선택하는 일도 시간 앞에서는 공평하다. 시간은 사용하기에 따라 그 모습이 천차만별이다. 오늘 하루, 바로 이 순간에도 사람은 자신의 습관대로 움직인다. 그래서 오늘의 행동을 보면 내일을, 이후의 운명을 가늠해볼 수 있다. 오늘 씨앗을 뿌렸다면 미래의 어느 때에는 열매를 거둔다. 하지만 오늘 씨앗을 뿌리지 않았는데 미래에 열매가 열릴 리는 없다.

유태인들은 성인식에서 부모로부터 약 1억 원의 종잣돈을 받는다. 똑같이 1억 원을 받았어도 그 결과는 다르다. 어떤 이는 그 1억 원을 1조로 불리는 삶을 살아가고, 어떤 이는 몽땅 탕진해버린다. 이렇듯 무상으로 제공받은 시간도 사람이 주체적으로 사용하기 나름이다. **인간은 무의식적으로 자신의 습관에 복종한다. 좋은 습관을 주체적으로 사용하는 인간이 될 것인가, 나쁜 습관에 질질 끌려다니는 인간이 될 것인가?**

18세기 조선, 서자로 태어나 찢어지게 가난한 환경에도 책 읽는 것을 일생의 과업으로 여긴 학자가 있었다. 조선 후기 학자이자 문인으로 잘 알려져 있는 이덕무이다. 일찍이 그는 학문에 비상한 영재였으나 서얼 출신인 까닭에 아무리 뛰어나도 출셋길은 막혀 있었다. 하지만 그는 세상을 향해 원망을 퍼붓거나 자신의 신세를 한탄하지 않았고, 지극한 슬픔이 밀려올 때조차 조용히 책을 읽으며 스스로를 위로했다.

그런 이덕무의 정성이 하늘에 닿았는지 그 당시 왕이었던, 개혁 군주이자 호학군주인 정조가 능력은 있으나 출신 성분을 이유로 벼슬에 오르지 못하던 이들을 등용하기로 결정 내린다. 그때 이덕무와 함께 발탁된 이들이 유득공, 박제가 같은 대단한 인물들이다.

이덕무는 규장각의 초대 검서관이 됐는데, 평생 독서광으로 지내온 그가 자신의 능력을 펼치기에 더할 나위 없이 좋은 기회였다. 어려운 집안 형편에 친척집을 전전하며 살았어도 손에서 책을 놓지 않았던 이덕무의 평생 습관이 결국 자신의 운명을 스스로 개척하게 한 것이다.

또한 이덕무는 좋은 친구를 자신의 곁으로 끌어들였다. 유득공과 박제가 등 학문에 남다른 조예를 가진 친구들이 서로의 동반자이자 자극제 역할을 하며, 그들의 학문 수준을 다른 차원으로 끌어올리는 데 이바지했다. 그 결과 18세기 조선은 실학의 전성기가 되었다.

 습관이 만드는 운명을 어떻게 다스릴 것인가? 운명을 개척하고 싶다면 좋은 습관부터 만들어나가자. 좋은 습관이 몸에 익게 하자. 인연을 소중하게 여기면 저절로 친구가 생기듯이, 습관에 대해 관찰하고 탐구하면 저절로 내게 맞는 좋은 습관이 몸에 붙는다. 습관의 정체를 알아야 습관을 다스리고 운명을 개척할 수 있다. 습관의 본질을 파악해 습관을 움켜잡고 습관을 다스려라! 습관을 다룰 줄 아는 사람이 자신의 운명을 다스리게 될 것이다.

• • •
좋은 습관을 주체적으로 사용하는 인간이 될 것인가,
나쁜 습관에 질질 끌려다니는 인간이 될 것인가?

나만의 시간
리듬 찾기

　모든 무기력에는 원인이 있다. 아무리 애를 써도 안될 거라는 절망감, 끝이 보이지 않는 터널에 갇혀 있다는 우울감과 함께 무기력이 찾아온다. 나 또한 무기력에 시달린 적이 있다. 나를 돌아볼 새도 없이 바쁘게 살다 보면 그렇게 불쑥 무기력이 찾아오기도 한다. 하지만 무기력하다고 모든 것을 중단한 채, 산송장처럼 곡기를 끊을 수도 없는 일이다. 매일 몸과 마음을 무겁게 짓누르는 무기력을 이겨내보려고 애를 쓰던 내게 도움된 것이 바로 스톱워치다. 나는 무기력이 찾아올 것 같으면 스톱워치부터 찾는다.
　15분 스톱워치를 돌린 다음, 초침의 흐름을 바라본다. 시간은 빠르게 흘러가고 쉼 없이 움직인다. 잠시나마 초침의 흐름에 나를 맡겨본다. 시간의 흐름을 보고 있으면 없던 생동감이 밀려든다. 그러면 오래 움직이는 건 체력이 따라주지 않아도 15분 정도는 해낼 수 있겠다는 생각이 든다.

힘이 나지 않을 때는 억지로 힘을 짜내지 말자. 무기력이 찾아온 것은 다 이유가 있다. 몸에서 모든 기력이 빠져나가고 손 하나 까딱하지 못하는 상태에는 원인이 있다. 이럴 때는 무리하지 말고 휴식을 취하자. 점점 더 무기력해지기 위한 휴식이 아니라 회복하기 위한 휴식이다.

사람이 극도의 무기력에 시달릴 때는 다른 이의 활기를 느껴보는 것도 도움이 된다. 그래서 새벽 시장에 가면 내면의 활기가 다시 꿈틀거리기도 한다. 꼭두새벽부터 치열하게 살아가는 사람들을 보면 없던 힘도 절로 생긴다.

아침에 버스를 타고 창밖의 풍경을 보는 것도 좋다. 분주하게 출근하는 사람들과 오늘도 가게문을 열고 생업을 이어가는 상인들을 보면 활력이 생긴다. 인간의 마음이란 바닥을 치면 반등하는 성질이 있다. 무기력이 찾아올 때는, 자신이 지친 상태라는 것을 인정하고 그 원인을 생각할 시간을 강제로라도 가져보라는 삶의 메시지일지도 모른다.

◆ ◆ ◆

가끔 글이 정말 쓰기 싫을 때가 있다. 누구에게나 슬럼프가 오듯

나 또한 꽤 오랜 시간을 정체기에 머물 때가 있다. 오늘은 정말 글이 안 써지네, 그런 생각이 들 때는 억지로 앉아 있지 않고 자리에서 일어나 커피를 내린다. 별것 아닌 이 작은 행동이 나를 환기시키고, 다시 글을 쓸 수 있는 방아쇠가 돼주기도 한다. 산책을 하거나 음악을 듣는 것도 좋다. 답보 상태였던 자신을 환기시키고 다시 활력을 불어넣을 수 있는 작은 행동이면 된다.

작은 방아쇠가 행동으로 이어지는 경험을 하면서 정체기에서 벗어나는 일이 그리 어렵지 않다는 것을 알게 됐다. 그래서 나는 글이 쓰기 싫어질 때마다 커피를 내린다. 책상에 앉아 커피를 마신다. 그러면 막힘없이 폭포수처럼 글이 쏟아지기도 한다. 그렇게 쓴 글을 보면 뿌듯하다. 다시금 집필할 힘을 얻는다.

작은 행동이 무기력과 슬럼프를 타파하는 방아쇠가 되기도 한다. 4년 동안 책이 나오지 않아 절필작가가 될 뻔했던 위기도 커피 내리기라는 작은 방아쇠 덕에 극복할 수 있었다.

시간은 리듬을 탄다. 무기력이 바닥을 찍으면 뭐라도 해보자는 용기가 꿈틀거린다. 그때 내가 활용했던 방법이 15분씩 번갈아가며 내게 필요한 일을 시도해본 것이다. 15분 정도는 부담스럽지 않았다. 힘 빼고 가볍게 15분만 하는 것이다. 그렇게 반복하자 나만의 15분 그루브가 생겼다. 15분의 리듬이 몸에 익어 15분 단위로 일을 끊어가며 원기를 회복할 수 있었다. 그렇게 무기력을 탈출했다.

무기력을 이기는 최선의 방법은 지금 즉시, 15분 동안 내가 할 수 있는 일에 몰입하는 것이다. 처음에는 무리하지 말고 눈앞에 놓인 쉽고 작은 일부터 시작하자.

　15분을 몰입하면 시간의 참된 가치를 알게 된다. 15분을 알차게 보낸다면 조급해하지 않고 순간순간을 즐기고, 시간을 누리게 된다. **15분을 붙잡으면 인생은 흘러가는 것이 아니라 채워지는 것이라는 걸 경험할 수 있다.**

　근대 정신 의학의 아버지 에밀 크레펠린(Emil Kraepelin)에 의하면 사람이 어떤 일을 시작하면, 자극을 받은 신경세포에서 신경전달물질인 아세틸콜린(Acetylcholine)이 분비되어 점점 의욕이 생긴다고 한다. 이 현상을 '작업 흥분'이라고 부르는데, 일단 15분만 움직이면 활력이 생기는 경험과 상통한다.

　내가 낙담에 빠져 있었을 때, 우선 밥을 먹어보자, 몸을 일으켰다. 그것도 꽤 오랜 시간이 걸렸지만 결국 일어나자 그다음은 어렵지 않았다. 밥을 짓고, 팬에 기름을 두르고, 버섯을 볶아내는 시간은 그리 오래 걸리지 않았다. 쌀을 씻는 데 5분, 버섯을 볶는 데 5분, 반찬을 꺼내고 테이블을 세팅하는 데 5분. 그렇게 15분이면 됐다.

　단 15분만으로 삶의 에너지를 채울 수 있다는 사실에 감사함을 느꼈다. 15분을 투자해 소박하지만 완벽한 식사를 했다. 다시 힘을 내보자는 마음이 들었다.

사람은 아무리 큰 절망에 빠져 있어도 숟가락 하나 들 힘만 있다면 인생을 다시 설계할 수 있다. 그러니 우선 15분만 움직여보자. 15분만이라도 해내보자. 그러면 삶이 나에게 기회를 줄 것이다.

한 시간을
네 덩이로 나누기

　　15분 안에 할 수 있는 일 리스트를 만들어보면 15분이 의외로 긴 시간이라는 사실을 경험할 수 있다. 불멸의 경영 구루 피터 드러커(Peter Drucker)는 그 많은 업적을 이루는 데 기여한 핵심 요인 중 하나로 '데드 라인(Dead Line)'을 꼽았다. 데드 라인은 더 이상 넘어갈 수 없는 최종적인 한계를 가리킨다. 일에 쫓기면 힘이 생긴다. 반면, 정해놓은 마감기한이 없으면 한없이 늘어진다. 이 데드 라인을 자기 주도적으로 활용해보자는 것이다. 예를 들어, 한 시간을 네 덩이로 나눈 다음 15분마다 데드 라인을 두고 쓰면, 한 시간에 4가지 일도 해치울 수 있다.

　　살림에 재능이 없는 내가 집을 그나마 멀쩡한 상태로 유지할 수 있는 것도 다 이 방법 덕분이다. 한 시간을 15분씩, 네 덩이로 나눠서 집안일을 처리하기 때문이다. 만약 집안일을 한 시간 이상 해야 한다고 생각하면 벌써부터 머리가 아프고 의욕이 사라진다. 그러니까 미리 쓸 시간을 정해두고 시작하자는 것이다.

설거지, 빨래, 냉장고 정리, 청소기 돌리기 중 가장 하기 싫은 일부터 15분만 한다. 15분 이상 지속하면 힘드니까 15분은 쉰다. 15분을 회복했으면 다시 15분 동안 집안일을 한다. 집안일은 쌓이면 점점 손대기 싫어지는 특성을 가지고 있다. 쓰레기 버리기나 배수구 청소는 보이는 즉시 처리해야 스트레스가 되지 않는다.

한 시간을 네 덩이로 나눌 땐 가장 하기 싫은 일을 가장 먼저로 둬야 한다. 사람은 시간이 충분하다는 생각이 들면 귀찮은 일을 뒷전으로 미뤄버린다. 매도 먼저 맞는 게 낫다고 가장 싫은 일을 먼저 해치우고 나면 다음 15분이 홀가분하다. 가장 하기 싫은 중요한 일을 가장 먼저 하는 습관을 들이면 인생이 개운하다. 무거운 마음의 짐을 가장 빨리 털어버릴 수 있기 때문이다.

◆ ◆ ◆

원고가 쓰기 싫을 때도 이 방법을 써서 아무튼 집필을 시작하는 단계로 진입한다. 15분 집필, 15분 휴식, 15분 독서, 15분 운동, 이렇게 한 시간을 네 덩이로 나눠 쓴다. 집필을 하기 위해서는 휴식과 독서, 운동을 적절히 배분하여 생각의 순환이 막히지 않도록 해야 한다. 휴식하는 시간도 정해두는 게 좋다. 휴식하는 데에도 몰입이 필요하기 때문이다. 하지만 15분 이상 쉬면 1분 1초의 소중함을 잊어버린 채 늘어지기 쉽다. 싫은 일을 할 때는 이런 식으로 스스로를 살살 달래면서 해치워야 한다. 하기 싫은 일을 피한다고 답이 나올까? 가능하면 큰 힘을 들이지 않고 할 방법을 찾는 것이 현명하다.

한 시간을 네 덩이로 나눠서 사용하면 한 시간이 상대적으로 길게 느껴진다. 이렇게 시간을 밀도 있게 쓰다 보면 오늘 반드시 해야 할 일과 하지 않아도 될 일을 명확하게 구분할 수 있다. 영국의 철학자이자 양심적인 사회운동가, 노벨문학상 수상자인 버트런드 러셀(Bertrand Russell)은 "인생에서 가장 어려운 일은 어떤 다리를 건너야 하고 어떤 다리를 불태울지 아는 것"이라 했다. 한 시간을 네 덩이로 나눌 때도 마찬가지다. 나누기 전에 어떤 일부터 해야 할지 계획을 세우기 때문이다.

내일 일을 걱정하지 말고 오늘 할 일을 생각하자. 한 시간을 네 덩이로 나눠서 15분 간격으로 일을 처리해보자. 오늘 할 일을 오늘 끝낼 수 있을 것이다. 미래는 주저하면서 다가오고, 현재는 화살처럼 날아가며, 과거는 영원히 정지해 있다. 화살처럼 날아가는 현재를 15분으로 단단히 붙잡아라.

습관의 조각들로
삶이라는 퍼즐 맞춰보기

2020년이 시작하자마자 코로나19가 세상을 휩쓸었다. 2015년부터 강의를 쭉 해왔지만 3개월 넘게 강의를 쉬어본 적은 올해가 처음이다. 6월에 접어들어서야 확진자 수가 하락세를 보이고 다시 오프라인 강의를 할 수 있었다. 하지만 8월에 집단 감염 사태가 벌어지고, 사회적 거리두기가 2.5단계로 격상되면서 예정돼 있던 관공서 강연이 줄줄이 취소됐다.

도서관도 문을 닫고 오갈 곳이 없는 상태가 되자 집에서 칩거하던 나는 이 위기 속에서 의미를 찾기 위해 서가를 살펴봤다. 그러자 독서를 처음 시작할 무렵에 읽었던 다산 정약용의 『유배지에서 보낸 편지』가 반짝 눈에 띄었다.

"한때 고난을 겪는다고 해서 청운의 뜻을 꺾지 말라."

내가 항상 마음에 새기고 있는 정약용 선생님의 말씀이다. 정조의 사랑을 한 몸에 받으며 승승장구하던 정약용 선생님은 정조가 승하하자 정치적 모함을 받아 18년 동안 유배생활을 했다. 그러나 세상을 원망하거나 자신의 신세를 탓하지 않았다. 비로소 책을 읽을 시간을 얻었다며 학문에 매진했고, 자신의 삶에서 우러나온 것들을 실학의 꽃으로 피워내 후세에 전하셨다.

살면서 위기가 찾아올 때마다 정약용 선생님이 남기신 말씀이 떠올랐다. 하루 15분, 그 가르침을 필사하다 보면 나도 모르게 마음이 차분해졌고, 용기를 얻을 수 있었다. 이 좋은 경험을 함께 나누고 싶다는 생각에 네이버 '사고혁신연구소' 카페의 회원들과 함께 『유배지에서 보낸 편지』 단체 필사를 시작했다.

『유배지에서 보낸 편지』의 단체 필사는 2020년 6월 1일에 시작하여 8월 31일까지 진행했다. 필사를 하는 도중에도 많은 일이 있었다. 코로나 확진자 수가 증가하고, 태풍이 몰아치고, 역대급으로 긴 장마가 왔다. 모두가 힘든 시기에도 지친 마음을 다잡아 매일 필사를 이어갔다. 사실 혼자 필사했더라면 완필하기 어려웠을 것이다. 같은 목표를 가진 사람들이 모인 커뮤니티의 힘으로 350페이지가 넘는 책을 끝까지 필사할 수 있었다.

이 단체 필사에 참가한 분들은 이제 삶의 위기에 처할 때마다 습관처럼 정약용 선생님의 말씀을 기억하게 될 것이다. 100일이 넘는 시간 동안 매일 필사를 하며 배운 지혜가 피부에 스며들었을 것이다. 정약용 선생님은 위로를 건네지 않으신다. 매섭고 날카롭게 문제를 지적하고 정신을 번쩍 들게 하신다. 한때의 값싼 위로나 힐링은 기억 저 너머로 쉽게 사라지지만 따뜻하고 올곧은 가르침은 마음에 깊이 새겨진다.

정약용 선생님은 또한 "꽃은 급하게 피워낼 수 없다"고 하셨다. 습관은 꽃을 급하게 피어나게 하는 마법이 아니다. 오랜 시간 삶 속에서 반복하며 인생에 씨앗을 뿌리는 행위이다. 우리가 좋은 습관을 뿌리고 가꿀수록 그만큼 더 풍요로운 인생을 수확할 수 있다. 갑자기 이루어지는 것은 없다. 꾸준히 씨앗을 뿌리는 사람만이 꾸준히 수확을 할 수 있다. 이것이 농사의 기본이자 인생의 진리다. 수확을 하려면 먼저 씨앗을 뿌리고, 꾸준히 돌보아야 하며, 줄기를 안정되게 만들어야 한다. 그다음에 가지와 잎사귀가 돋아나야 꽃이 핀다. 어제 씨앗을 뿌렸는데 오늘 꽃이 피는 일은 없다.

◆ ◆ ◆

미국의 경제학자이자 사회학자인 제러미 리프킨(Jeremy Rifkin)은 제4차 산업 혁명 사회에 대해 "가진 사람과 못 가진 사람의 격차보다 연결된 사람과 연결되지 못한 사람의 격차가 더욱 커질 것"이라 했다. 습관도 마찬가지 아닐까? 내가 씨앗처럼 뿌린 좋은 습관은 다른 좋은 습관들과 쉽게 연결된다. 더욱이 초연결 사회에 살고 있는 지금이라면, 내가 가진 좋은 습관을 사회의 좋은 것들과 융합할 수 있다. 사회와 차근차근 오랜 시간 동안 신뢰를 쌓아가며 만든 연결은 쉽게 허물어지지 않는다.

2014년에 작가로 데뷔한 후 많은 사람들과 연을 이어가고 있다. 그들과 함께 좋은 책을 읽고, 필사하며, 삶의 가치와 목적을 이루어 나가고 있다. 이 모든 것은 내가 알게 모르게 뿌려온 작은 습관들로부터 시작되었다. 좋은 책을 널리 알리고 독서의 재미를 나누고 싶은 마음에 블로그를 시작했고, 공통의 목표를 지닌 사람들과 함께하기 위해 온라인 카페를 개설했고, 보다 쉽고 친근하게 책의 내용을 전달하고자 유튜버가 됐다. 이렇게 작은 시도들이 모이고 쌓이자 추구했던 가치를 실현하는 삶을 지속할 수 있게 됐다.

한때의 열정이나 과도한 의지력에 기댔더라면 이미 예전에 제풀에 지쳐 나가떨어졌을 것이다. 성과가 눈에 바로 보이지 않더라도 습관의 조각들은 매일, 매시간, 매초 연결되고 있다. 작은 단계에 집중하고, 오늘 15분이라도 행동하는 것에 의의를 두면, 내일도 그 일을 계속할 가능성이 높아진다.

습관은 나와 행동이 신뢰를 쌓아가는 시간이다. 씨앗을 뿌리고 꼬박꼬박 물을 주며 말을 걸어준다면, 작은 습관의 조각들이 모여 삶이라는 퍼즐을 완성해줄 것이다. 한 방에 바꾸려고 하면 오히려 깊은 늪에 빠진다. 습관도 몸과 마음에 적응할 시간이 필요하다. 급격한 변화는 급격하게 무너진다. 퍼즐은 하나씩 맞춰야 한다. 성급하게 이것저것 끼워 맞추려고 하면 제자리를 찾지 못하고, 결국 완성할 수 없다.

습관은 나와 행동이 신뢰를 쌓아가는 시간이다.

PART 6

삶을 다시 설계하는 힘, 하루 15분

15

습관을 완전히 삶에 녹이려면
일상과 습관이 분리되지 않는 루틴을 만들면 된다.

하루를 어떻게 쓰는가?
시간 추적하기

하루 24시간 중에 온전히 집중할 수 있는 시간은 그리 길지 않다. 사람은 저마다 리듬이 달라서 집중하는 시간대 또한 다르다. 사람은 하루 종일 긴장 상태로 있을 수 없다. 사이사이 이완의 시간도 반드시 필요하다. 자신만의 리듬을 찾으려면 긴장과 이완의 '황금 시간대'를 알아보는 것이 중요하다.

먼저 오늘 하루, 자기 전에 24시간을 되돌아보며 시간을 추적하는 습관부터 시작해보자. 시간을 어디에, 어떻게 사용했는지 작성해보면 무엇을 바꿔야 하는지 알 수 있다. 집중력이 최상인 시간을 중심으로 하루를 재편성하는 것도 좋은 방법이다. 집중하기 좋은 시간은 언제인가? 집중하는 시간을 처음부터 큰 단위로 묶으면 집중력이 오래 유지되지 않는다. 처음에는 가장 작은 단위로, 15분으로 놓고 집중력을 실험해본 다음, 서서히 늘려나가며 집중력 최상인 황금 시간대를 확인하자.

　시간을 추적하는 습관을 들이면 따로 자아 성찰 시간을 갖지 않아도 된다. 하루를 되돌아보며 자연스럽게 자신과의 대화에 시동을 걸 수 있기 때문이다. 자아 성찰을 하겠다고 하루 종일 가부좌를 틀고, 몇 시간이고 명상을 할 수도 없는 노릇이니 이 습관을 활용해보자. 만약 내가 항상 시간이 모자라고, 하루가 헛되이 흘러가는 것 같다면 미루지 말고 오늘부터 시작해보자. 시간을 재편성해야 삶을 다시 설계할 수 있다. 삶이 버거워 길을 잃어도 내가 어디에 있는지, 시간을 어떻게 사용하고 있는지 명확하게 파악한다면 다시 설계할 수 있다.

◆ ◆ ◆

　원하는 삶을 사는 방법은 간단하다. 먼저 냉정해져야 한다. 열정이나 꿈같은, 모호하고 추상적인 어휘로 포장하지 말고, 있는 그대로 현재 내가 가진 역량을 점검해봐야 한다. 명확한 목표 설정은 그 다음이다. 자신을 냉정하게 바라본다고 목표마저 냉정할 필요는 없다. 목표는 크게 잡아도 괜찮다. 목표가 크다고 뭐라고 하는 사람은 없다. 목표는 내 것이다. 목표를 크게 잡으면 그만큼 내가 해내야 할 몫이 커지는 것뿐이다. 하나하나 완수해 나가면 된다.

목표를 정했다면 하루치 달성할 분량들로 쪼개라. 목표와 현실까지의 거리를 객관적으로 인지하고 명확하게 하루치 달성할 분량들로 쪼개라. 그런 다음 습관을 만들어라. 15분짜리 습관을 만들어 15분 안에 내가 이룰 수 있는 것이 무엇인지 부단히 경험하라. 매일매일 연습하라. 하루에 15분도 목표로 향하는 구체적인 행동을 하지 않는다면 목표는 이루어지지 않는다. 이제 간단하게 정리해 보자.

1. 냉정해지기
열정이나 의지력에 기대지 않고, 현재 가지고 있는 자신의 역량을 객관적으로 파악하자.

2. 명확한 목표 설정하기
추상적인 꿈보다 오늘 하루 바로 실행할 수 있는 현실적인 목표를 만들어보자.

3. 매일 15분 하기
설정한 목표를 매일매일 최소 15분 이상 실행하자.

4. 몸에 새기기
목표를 이루기 위한 행동을 무의식적으로 실행할 수 있을 정도로 반복하자.

5. 루틴으로 삶에 굳히기
삶에서 떼려야 뗄 수 없는 생활 습관으로 뿌리내리게 하자.

이 5단계를 실현하면 매일 아침 양치를 하듯이 자동으로 목표를 실천하는 습관이 생긴다. 한 달 만에 몸에 숙달되는 사람도 있고, 6개월이 걸리는 사람도 있으니 조급함은 금물이다. 조급함은 모든 일을 망치는 원인이니 과정을 즐기도록 하자. 그러다 보면 어느새 목표에 도달할 것이다. 목표 달성은 의지의 영역이 아니라 습관의 영역에 있다. 습관을 새로 만들 수 있다면 삶을 다시 설계할 수 있다.

삶이 버거워 길을 잃어도 내가 어디에 있는지,
시간을 어떻게 사용하고 있는지 명확하게 파악한다면
다시 설계할 수 있다.

습관이
루틴이 될 때까지

어니스트 헤밍웨이(Ernest Hemingway)는 1954년, 『노인과 바다』로 노벨문학상을 수상했다. 60년 동안 그가 이뤄온 삶의 발자취를 찬찬히 들여다보고 있노라면 과연 한 사람이 해낸 일이 맞나 싶을 정도로 많은 과업을 달성했다. 작가로서 굵직한 작품세계를 구축하고 불세출의 역작을 만들어냈을 뿐만 아니라 개인사 또한 파란만장하다. 제1차 세계대전을 비롯해서 스페인 내전에도 참전한 이력이 있다. 기자로서 세계 여러 나라를 떠돌며 다양한 인생 경험을 쌓았고, 결혼도 네 번이나 했다.

말년을 쿠바에서 보냈는데, 그때 지내던 집에만 무려 1만 권의 책이 보관되어 있다고 하니 역시 작가의 서재는 다르구나 싶다.

평범과는 거리가 먼 인생을 살면서도 작가로서 큰 업적을 이뤄낸 헤밍웨이. 그렇게 할 수 있었던 저력은 무엇이었을까? 그가 지닌 습관에서 답을 찾을 수 있었다.

헤밍웨이는 하루에 반드시 500단어 이상을 집필하는 핵심 습관이 있었고, 그것을 하루도 빼먹지 않았다고 한다. 그런데 아무리 헤밍웨이라도 하루에 500단어를 쓰는 일이 처음부터 쉬웠을 리 없다. 헤밍웨이는 기자라는 직업 탓에 자의 반 타의 반 매일 기사를 써야 했다. 그것이 세월이 지나면서 자연스레 하루 500단어 이상을 쓰는 습관으로, 루틴으로 자리 잡은 것이다. 작가 어니스트 헤밍웨이를 만든 건 일상의 루틴인 것이다.

처음으로 발표한 장편소설 『무기여 잘 있거라』로 부와 명예를 얻은 것이 헤밍웨이의 습관 덕분이었다면, 꾸준히 작품 활동을 하고 노벨문학상을 받게 된 것은 평생 일궈온 루틴 덕분이 아닐까? 많이 경험하고, 많이 읽고, 많이 쓰는 것. 습관은 비교적 짧은 시간에도 이룰 수 있지만 루틴은 일상에 오랜 시간 스며들어야 가능하다.

◆ ◆ ◆

새로운 습관이 몸에 익으려면 보통 60일에서 100일 정도 걸린다고 한다. 사람마다 습관으로 체화되는 시간이 천차만별이니 이 숫자에 너무 얽매이지는 않아도 된다. 그래도 석 달을 지속하는 것보다 넉 달을 지속하는 것이 효과적이고, 6개월이나 1년을 지속하는 것이 당연히 좋다. 반복하면 할수록 몸이 그 습관을 기억한다. 몸이 기억하면 자동으로 삶 속에 녹아든다. 삶에 녹아든다는 의미는 이제 그 습관이 인생과 분리되지 않는다는 뜻이다. 루틴이 되면 여간해서는 바뀌지 않는다. 루틴으로 자리 잡으면 애써서 하지 않아도 마치 숨을 쉬는 것처럼 매일 수행할 수 있다.

스키는 성인이 되면 배우기가 어렵다는 말이 있다. 능숙하게 타려면 골백번도 넘게 넘어지고 깨지면서 제대로 넘어지는 법을 배워야 하는데, 그게 말처럼 쉬운 일이 아니다. 일부러 시간을 내서 스키장에 가야 하기도 하고, 운동 신경이 둔해진 몸이 잘 따라주지도 않는다.

스키도 루틴화한다면 어떻게 될까? 하루에 세 번씩, 제대로 넘어지는 것을 목표로 해서 한 달을 지속한다면 제대로 탈 수 있다. 처음 일주일은 죽을 맛이다. 눈밭에 서서 스키 폴대만 잡아도 넘어질까 두려워 사시나무 떨리듯 몸이 떨린다.

하지만 자꾸만 넘어지다 보면 넘어지는 것도 이골이 나서 더 이상 피하지 않게 된다. 이것이 습관 만들기의 첫걸음이다. 넘어지고 실패하는 것도 일상화되면 따로 용기를 내지 않아도 된다. 시작하기도 전에 두려움에 떨 필요도 없다.

우리가 매일 하는 세수와 양치를 떠올려보자. 큰 용기를 내야 하거나 두려움에 떨면서 해야 하는가? 그저 무념무상이다. 그렇게 되기까지 기억은 나지 않아도 수많은 실패를 거듭했을 것이다. 다른 일도 똑같다. 무념무상이 되려면 시간이 필요하다. 수많은 실패의 경험이 필요하다. 그렇게 습관이 루틴이 되면 더 이상 많은 에너지를 쓰지 않아도 된다. 그저 몸에 익은 대로 물 흐르듯이 자연스럽게 일상에 녹아든다. 이것이 루틴이다.

먼저 일주일 동안 하루 15분 습관을 실행하며 몸에 익는지를 지켜보자. 몸이 익숙해지면 그때 시간을 차츰 늘려도 괜찮다. 그렇게 두세 달을 보내면 습관이 일상의 루틴으로 자리 잡아 세수나 양치처럼 힘을 들이지 않고도 실행할 수 있다. 몸의 감각이 언제나 깨어 있어, 의식하지 않아도 행동하게 될 것이다. 무엇을 해야 하는지 고민하던 시간이 줄은 만큼 그 시간과 에너지를 다른 곳에 쓸 수도 있다. 그렇게 에너지 선순환의 길에 들어선다.

북유럽 미인의 기준은 튼튼한 하체 근육이다. 그 옛날 북유럽에서는 폭설이 내리면 마땅한 교통수단이 없었기 때문에 스키로 이동해야만 했다. 그래서 아이를 업고 스키를 타는 것은 그녀들의 일상이었다. 그녀들에게 스키는 걷기와 같다. **만일 당신에게 두려운 것이 있다면 그것을 일상으로 만들어버려라. 삶과 떼려야 뗄 수 없는 일상의 연속, 루틴으로 만들면 된다.**

아득하게만 보였던 슬로프의 급격한 경사가 자유롭게 활강해서 내려오는 나의 무대가 될 때, 스키는 더 이상 두려움의 대상이 아니다. 운동이 죽기보다 하기 싫다면 운동을, 독서가 하기 싫다면 독서를, 글쓰기가 하기 싫다면 글쓰기를 루틴으로 만들면 된다.

습관은 서너 달이면 들일 수 있어도 삶에 루틴으로 자리 잡기까지는 1년 이상의 시간이 소요된다. 그 과정이 결코 만만하지 않지만 성공하면 힘을 들이지 않아도 일상의 지배력이 생긴다. 루틴을 수행하지 않으면 일상이 무너지기 때문이다. 양치하지 않는 삶을 상상할 수 없고, 세수하지 않는 삶을 상상할 수 없듯이 어려운 문제를 푸는 것도 일상으로 만들어버리면 된다.

세계적인 마케팅 구루 세스 고딘(Seth Godin)은 "하기 싫다는 감정에 휘말리지 않고 무조건 실행하는 사람이야말로 전문가"라고 했다. 아마추어가 흔들리는 감정에 휘말린다면, 프로는 흔들리지 않는 루틴을 수행한다. 핵심 습관이 루틴이 되면 하기 싫다는 생각에 휘말리지 않는다. 양치질이나 세수는 루틴이지 습관이 아니다.

핵심 습관은 홀로 존재하지 않는다. 삶의 이곳저곳에 침투하고 막대한 영향력을 행사한다. **습관을 완전히 삶에 녹이려면 일상과 습관이 분리되지 않는 루틴을 만들면 된다.** 그러면 헤밍웨이처럼 다사다난한 인생굴곡 속에서도 자신이 반드시 행해야 할 핵심 습관을 빼먹지 않는다.

헤밍웨이의 평생 과업은 글쓰기였고, 그것을 이루기 위한 루틴에서 단 하루도 이탈하지 않았다. 하루 500단어 쓰기라는 핵심 습관 루틴이 헤밍웨이를 끝까지 글 쓰는 사람으로 만들어준 것처럼 내 평생의 과업을 향한 핵심 습관을 루틴화하자.

사소한 시간이 모여
강력한 무기가 된다

미니멀리스트인 내가 식물을 키우게 됐다. 사실 나는 브라운 핑거로 악명 높다. 잘 자라던 식물도 내 손에만 들어오면 누렇게 변색되고 시들해지기 때문이다. 그래서 집들이 선물로도 화분은 거절하곤 했다. 그러던 어느 날, 화단 있는 집에 살고 싶다는 남편의 소망을 이루어주고 싶어 베란다에 5개의 화분을 들였다.

식물은 동물과 달리 손이 많이 가지 않는다, 그냥 내버려둬도 잘 자란다, 그런 말에 기대 내 평생 키워본 적 없는 식물 키우기에 도전했다. 먼저 화분에 흙을 채우고 씨앗을 심었다. 그리고 매일 화분을 들여다보며 싹이 올라오기를 기다렸다. 그러기를 일주일, 눈을 크게 뜨고 봐야 겨우 보일까 말까 싶은 자그마한 싹이 올라왔다. 남편과 나는 환호성을 지르며 기뻐했다. 씨앗을 심은 계절은 11월 늦

가을이었다. 금방 겨울이 오고, 1cm 정도 고개를 내밀다 만 바질, 올라오다 기약이 없는 상추, 몇 달이 지나도 몸집이 똑같은 딸기. 그렇게 화단의 새싹이들은 성장을 멈춘 채 겨울의 추위를 맞이했다.

봄이 되어 정성스레 물을 주고, 볕이 좋으면 바람을 통하게 해도 화단의 식물들은 그대로였다.

"죽지는 않은 것 같은데, 뭐가 문제지?"

남편과 머리를 맞대고 고민을 하다가 어느덧 6개월이 지나고 5월이 왔다. 그런데 그때부터 놀라운 변화가 일어났다. 화단의 새싹들이 폭풍 성장하기 시작한 것이다. 기온이 오르자 예전 모습은 상상할 수 없을 정도로 무럭무럭 자라났다. 7월 중순에는 큰 떡잎이 올라오고, 가지는 수십 개로 갈라져 울창한 화분으로 변신했다.

언젠가는 성장할 거라는 막연한 믿음과 함께 보낸 6개월의 시간, 새싹이들은 꽃을 피워내고, 울창한 가지와 떡잎을 뻗어내며 제 몫을 다했다. 식물을 키워본 적이 없으니 성장에 필요한 온도나 습도까지 체크하지는 않았다. 그저 잊지 않고 물을 주고, 새싹이들에게 몇 마디 응원을 건넸을 뿐이다. 다만 죽지 않고 살아 있는 것이 신기할 따름이었는데 이렇게 잘 자라주다니 기특했다. 만약 한두 달 지켜보다가 자라지 않는다고 안달복달하며 다 그만두었다면 어떻게 됐을까?

비공식 식물 전문가이자 화분 키우기 달인인 아빠의 조언에 의

하면 식물은 모름지기 과도한 관심은 금물이며, 무심하게 키워야 잘 자란다고 하셨다. 물을 너무 자주 주면 뿌리가 썩는다. 뜨거운 햇볕 아래 너무 오래 있으면 말라버린다. 필요한 만큼만 공급해야 하는 것이다.

목표를 이루는 일도 마찬가지 아닐까? 목표를 달성하려면 오랜 시간이 걸린다. 그래서 결과를 채근하는 마음이 있다면 에너지를 빨리 고갈시키고, 중도포기의 지름길에 이르게 한다. 유난히 속도를 중요하게 여기는 사회 분위기도 한몫한다. 과정을 즐기면서 가고 싶어도 모두가 빨리빨리를 외치는 통에 나만 뒤처지는 것 같다.

급하게 먹으면 체한다. 급하게 이룬 것은 무너지기 쉽다. 막연하게 대단한 것, 멋진 것, 웅장하고 화려한 것을 꿈으로 삼으면 현실과의 거리가 너무 먼 것 같아 실망을 거듭하고, 초반부터 에너지를 과도하게 쓸 가능성이 크다. 과정은 생각보다 길고, 대단하지 않고, 멋지지 않고, 웅장하거나 화려하지 않다. 작은 것부터 차근차근 잘 해내야 큰일도 잘 해낼 수 있듯이, 과정이라는 긴 시간을 즐길 수 있으려면 사소한 작은 것에서 기쁨과 즐거움을 발견할 줄 아는 능력이 무엇보다 중요하다.

◆ ◆ ◆

높낮이가 일정하지 않으면 꾸준하게 오래갈 수 없다. 초반부터 과도하게 열정을 쏟아내는 사람은 장기 레이스에 불리하다. 초반 러시는 결과를 채근하게 한다. 에너지가 고갈되면 15분은커녕 1분 조차 쓸 여유가 없다. 오히려 마음을 가볍게 하고 결과에 무심하면 차곡차곡 쌓아올리기 쉽다. 마음을 가볍게 하면 부담이 사라져 시간에 쫓기지 않는다. 시간이 충분하다는 생각이 든다. 사소한 15분이라도 알차게 활용했다는 만족감과 효용감이 있다면 인생을 풍요롭게 가꿀 수 있다.

그동안 하고 싶었던 일이 무엇인가? 오늘부터 사소한 15분을 그 일에 써보자. 오래전에 배웠던 피아노를 다시 치고 싶다면 하루 15분씩 건반을 두드리며 굳은 손을 풀어보자. 한 달을 지속하면 손이 건반 위에서 날아다닌다. 가물가물 잊고 살았던 피아노의 재미도 되찾을 수 있다. 열두 살 때 마지막으로 쳤던 〈엘리제를 위하여〉를 거뜬히 연주할 수 있을 것이다.

건강을 위해 운동을 하고 싶다면 지금 당장 운동화 끈을 졸라매고 동네 한 바퀴를 돌아보자. 매일 산책을 나가도 매일 풍경이 다르다. 그 풍경이 궁금해서 산책을 그만둘 수 없다. 그러는 동안 자연히 삶의 습관으로 스며들고, 어느덧 건강 지킴이 역할까지 한다.

손톱만 하던 새싹이들은 이제 성장 속도가 빨라져 매일 아침마다 떡잎 크기가 어제와 또 다르다. 쑥쑥 자라기 위해 오랜 시간 버텨온 것이 대견하기만 하다. 6개월 동안 아무 변화가 없던 베란다 화단의 식물들은 앞으로의 성장이 기대될 만큼 삶의 기쁨으로 자리 잡았다. 난생처음 식물을 키워보며 아무리 사소해도 꾸준함이 쌓이면 강력한 힘을 발휘할 수 있다는 걸 다시금 깨달았다.

   매일 화분에 물을 주고, 햇볕을 쬐어주는 사소한 습관이 폭풍 성장의 밑거름이 될 수 있다는 큰 가르침을 선물받았다. 작은 관심을 큰 기쁨으로 바꿔준 베란다의 초록 식물처럼 작은 시간도 모이면 큰 것이 된다. 사소한 습관을 반복하고 또 반복하자. 어느새 무럭무럭 자라나 자신을 지켜줄 강력한 무기가 돼 있을 것이다.

∴

긴 시간을 즐길 수 있으려면 사소한 작은 것에서 기쁨과
즐거움을 발견할 줄 아는 능력이 무엇보다 중요하다.

실패를 기회로 삼는 역전의 15분

첫 책을 출간하기 전까지 내가 받은 거절이 150번이다. 150군데의 출판사에서 거절을 받았다. 한 번의 거절을 받는 시간은 15분도 걸리지 않는다. 3개월 동안 150번의 거절을 받았으니 한 달에 무려 50번의 거절을 받은 셈이다. 150번의 거절을 당하니 스스로를 냉철하게 돌아보게 됐다. 그것을 기회 삼아 엄청난 성장을 할 수 있었다. 만약 내가 그때 150번의 거절에서 헤어나오지 못하고 중도에 포기했다면 지금쯤 어떤 삶을 살고 있을까? 생산적인 15분을 보내는 것 대신 무의미한 15분을 보냈다면 어떻게 됐을까? 작가가 되지 못했을 뿐만 아니라 아무것도 이루지 못했을 것이다.

당장 결과가 나오지 않더라도 하루하루 조금이라도 성장하는 경험에 집중해야 한다. 아무런 성과가 없어 보여도 삶은 그렇게 진보

한다. 오늘은 헛발질을 한 것 같아도 내일은 큰 성과로 돌아올지 모른다. 그 시점이 정확히 언제일지는 사람마다 다르겠지만 실패한 경험은 언젠가 구름 위를 뚫고 나갈 자양분이 된다.

현재의 자신에 안주하지 않고, 하루에 조금씩이라도 성장하려는 사람은 자신의 운명의 수레를 제대로 된 방향으로 이끌어간다. 오늘 하루 시도한 것이 실패에 가깝다 할지라도 최선을 다했다면 매일 실패해도 상관없다. 그 경험이 아니면 알 수 없는 노하우를 축적했을 테니 말이다.

무엇이든 하루아침에 능숙해질 수 없다는 걸 우리는 알고 있다. 15분 습관을 실천할 때도 기꺼이 15분 정도는 실패하고 절망해도 괜찮다. 능숙함을 위한 15분이라면 기꺼이 내어주자. 습관 만들기에 통달하면 원하는 것을 얻기 쉽다. 하루 15분의 도전 습관을 만든다면 결국 수많은 실패 속에 엄청난 성공이 숨어 있다는 진리를 몸소 깨닫게 될 것이다. 사람 일은 아무도 모른다. 한때 실패라고 여겼던 모든 헛발질이 어떤 형태의 꽃으로 피어날지 예측할 수 없다. 내가 매일 수없이 반복했던 헛발질의 경험과 노하우는 절대 다른 사람이 훔쳐가지 못한다.

◆ ◆ ◆

습관이 이렇게 사람을 바꾼다. 나는 이제 어딜 가도 자판을 두드리며 글을 써야 마음이 편하다. 찰나에 지나가는 영감을 붙잡아두려면 항상 손 닿는 곳에 노트북이 있어야 한다. 나에게 글을 쓰는 도구는 물을 마시는 것과 같고, 자판을 두드리는 행위는 숨을 쉬는 것과 같다.

최근에 15인치 노트북도 들어갈 수 있을 정도로 넉넉한 백팩을 마련했다. 전에는 항상 따로 노트북 가방을 챙겼어야 했는데, 이젠 그럴 필요가 없어졌다. 처음으로 날개를 달아본 인간이 된 듯 기분이 좋았다. 항상 글을 쓸 수 있는 천군만마를 얻은 듯 행복했다.

그렇다. 나는 자판을 두들겨야 사는 사람이다. 지금 쓰지 않으면, 토해내고 싶은 문장들은 지구 바깥으로 사라져버릴 것이 뻔하기 때문이다. 비행기 안에서도 노트북은 내 무릎 위에 있어야 할 필수품이다. 노트북이 들어 있는 백팩은 나와 좋았다. 되어야 할 필수템이다.

40도를 육박하는 베트남의 불볕더위와 끈적한 습기 속에서도 거북이 등가방을 메고 다니며 노트북과 한 몸이 되어야 마음이 놓였다. 크로스백도 아니고 숄더백도 아닌 백팩이라 스타일이 영 아니었지만 패션 테러리스트가 된다 해도 상관없었다. 나에게는 스타일보다 노트북이 들어 있는 등가방이 소중하다. 언제, 어디서, 어떤 영감이 나를 스칠지 모르기 때문에 내 등딱지에 노트북이 있다는 생각만으로도 존재의 의미를 잊지 않을 수 있다. 언제든 자판을 두드릴 수 있다는 안도감도 보너스다.

번뜩이는 생각의 유효기간은 길지 않다. 문자로 남겨두지 않은 생각은 저 멀리 달아난다. 내가 그 생각을 했는지조차 잊어버린다. 전광석화와 같은 속도로 문장으로 쏟아내야 한다. 그래서 노트북이 곁에 있지 않으면 불안하다. 이런 습관으로, 쓰고자 하는 마음으로 150번의 거절을 이겨냈던 것 같다.

매일 실패를 겪더라도 끊임없이 시도하자. 실패에 굴하지 말고 내가 하기로 마음먹은 일을 하자. 하루 15분만 삶에 실제로 적용을 해보자. 다이어트를 하고 싶다면 하루 15분, 계단을 올라가보자. 아무것도 하지 않았을 때와는 기분 자체가 다르다. 두꺼운 벽돌 책을 완독하고 싶다면 하루 15분씩 읽어보자. 음악을 들을 때 나도 모르게 흥에 겨워 리듬을 타는 것처럼 잘 해내지는 못하더라도 일단 해보는 것이다. 목표를 마음에 두고 있어도 엄두가 나지 않아서, 실패가 두려워서 갈팡질팡 세월만 보내는 것보다 능숙하지 않아도 시도해보자는 결심으로 실행해 나간다면 성장할 수 있다.

감정과
팩트 구분하기

어느 날, 놀러가려고 버스를 탔다. 버스카드를 태그하고 자리에 앉았는데, 아차! 가방에 읽을거리를 챙겨오지 않았다는 사실을 깨달았다. 놀러갈 생각에 들뜬 나머지 깜빡 잊어버린 것이다. 목적지까지는 한 시간도 넘게 걸렸는데 지루해서 혼이 났다. 그 후로는 깜빡하지 않도록 항상 눈에 띄는 곳에 읽을 책을 쌓아둔다. 감정이 과하면 일상이 요동친다. 감정을 제어하고 싶어도 그게 어디 쉬운 일인가? 삶은 언제 무슨 일이 일어날지 모른다. 습관을 지키려면 감정을 컨트롤해야 한다는 것을 버스 사건으로 깨닫게 됐다.

살다 보면 힘든 날도 있다. 심신이 지치면 습관이고 나발이고 다 귀찮아진다. 그렇게 하루이틀 건너뛰면 힘들게 쌓아올린 습관이 차츰 무너진다. 습관이 삶에 스며드는 것을 방해하는 가장 큰 적은 널뛰는 감정이다. 그래서 감정을 객관적으로 보는 훈련이 필요하다.

인간은 감정의 동물이라 기분이 좋을 때는 천장을 뚫고 나갈 듯 하늘을 훨훨 날기도 하지만, 반대로 기분이 나쁘면 지하세계로 뚫고 들어간다. 하지만 기분이 좋고 나쁨에 따라서 일상생활의 기복이 크다면 감정에 삶이 좌우돼버리고 만다. 감정의 폭이 커서 온탕과 냉탕을 널뛰듯이 오간다면 일상이 쉽게 무너질 가능성이 크다.

평소 감정의 동요를 컨트롤하기 위해서는 습관을 루틴화해야 한다. 그래야 일상이 감정에 의해 출렁이지 않는다. 아무리 기분이 좋아도, 아무리 기분이 나빠도 오늘 할 일을 완수하고 평온한 기분을 유지할 수 있다. 자기 전에 운동하는 습관을 만들었는데, 기분이 나쁘다고 운동을 건너뛰면 다음 날 기분이 더 나빠진다. 몸도 찌뿌둥하고 마음도 무겁다. 그렇게 며칠을 쉬면 무기력해지는 것이다.

기분이 너무 나빠서 혹은 너무 좋아서 일상의 루틴이 무너진다면 다시 습관을 정착시키기 위해 큰 에너지를 써야 한다. 애써 공들여 쌓은 탑이 감정에 의해서 한순간에 무너지는 걸 방지하려면 감정이 아닌 일상에 집중하자. 매사 감정적인 사람은 일상이 피곤하다.

감정과 싸우지 않기 위해서는 있는 그대로의 감정을 뱉어내는 것이 좋다. 친구에게 털어놔도 좋지만 듣는 사람이 힘드니까 글로

♦ ♦ ♦

감정은 사실과 다를 수 있다는 걸 인정하기만 해도
감정과 자신을 분리할 수 있다.

옮겨보자. 아니면 편지를 써도 좋다. 그렇게 쓴 편지는 서랍 안에 넣어두자. 부치치만 않으면 된다. 감정에 휩쓸리지 않고 차분하게 감정의 흐름을 기록을 해두는 것도 많은 도움이 된다. 이상하게 글로 뱉어내면 기분이 후련해지기도 한다.

오로지 지금 내가 느끼는 감정의 실체를 알아보기 위해서 감정을 내뱉어보는 것이다. 다른 사람에게 감정을 쏟아내면 뒷일을 책임지기 힘들어질 수도 있다. 녹음을 해서 들어보거나 글을 써서 정리할 시간을 갖자. 감정을 들여다보면 감정과 팩트를 구분할 수 있다. 감정은 사실과 다를 수 있다는 걸 인정하기만 해도 감정과 자신을 분리할 수 있다. 그렇게 감정을 객관적으로 바라보는 습관을 들이면, 아무것도 아닌 일에 감정을 쏟았다는 것을 깨닫고 웃어버릴지도 모른다.

◆ ◆ ◆

나는 기분이 너무 좋거나 너무 나쁠 때 홍차를 마신다. 천천히 차의 향을 음미하다 보면 들뜬 감정이나 나쁜 감정도 이내 누그러든다. 감정을 소모하는 것은 자기 자신과 싸우는 일이나 다름없다. 나와 싸우는 데 많은 에너지가 들어가면 다른 곳에 쓸 힘이 없다. 마음도 더 괴로워진다. 자신과 싸우는 데 소중한 시간과 에너지를 쓰지 말자. 평점심을 유지하는 연습을 하자.

감정은 양날의 검이다. 인간이라면 감정 없이 살기는 힘들다. 그렇다고 감정에 휘둘리기만 한다면 삶이 피곤해진다. 감정이 널뛸 때마다 습관으로 돌아가자. 감정에 소모되는 시간과 에너지를 아끼려면 아무 생각 말고 오늘 내가 해야 할 일을 하면 된다. 감정이 습관을 침범하지 못하도록 말이다. 특별한 습관 없이 특별한 성취는 없다. 감정을 정복하고 팩트를 구분할 줄 알게 되면 일상은 평온해지고 습관을 지속하는 희열이 머물 것이다.

조금씩
나아지는 게 좋아서

　유려한 문장을 구사하는 소설가 김연수는 "자꾸 쓰다 보면 조금씩 나아지는 게 좋아서 하루도 빠지지 않고 매일 글을 쓴다"고 한다. 오래 쉬었다가 글을 쓰면 쓰기 시작한 첫날은 진도가 잘 나가지 않는다. 글 쓰는 감각이 올라오는 데 시간이 걸리기 때문이다. 두 번째 날도 여전히 진도가 더디다. 그래도 첫째 날보다는 몰입하기가 한결 수월하다. 셋째 날은 가속도가 붙기 시작한다. 하지만 네 번째 날에 중단하면 처음부터 다시 시작해야 한다. 단 하루라 할지라도 쉬다가 쓰면 진도가 나가지 않는다. 예열을 해둔 오븐을 쓰지도 않고 식혀버리는 것과 같다.

　한 달 정도 쉬면 그 감각을 되찾는 데 그만큼 시간이 오래 걸린다. 기복을 타지 않고 좋은 글을 쓰려면, 글을 쓰는 행위 자체가 숨을 쉬고 밥을 먹는 일처럼 자연스러워야 한다. 하루라도 조금씩 나아지는 게 좋아서 매일 연습을 하는 연주자는 매일 손톱만큼이라도 달라진 연주 솜씨에 희열을 느낀다.

◆ ◆ ◆

올해로 필사를 시작한 지 13년이 됐다. 내가 13년 동안이나 필사를 계속할 수 있었던 원동력은 사실, 좋은 필기구에 있다. 필사는 실제로 해보면 생각한 것보다 중노동에 가까운 일이다. 하루 종일 손글씨를 쓰다 보면 도구의 중요성을 절로 깨닫게 된다. 손에 착 감기는, 그립감이 좋은 펜과 펜촉이 부드럽게 활강하는 질 좋은 종이가 필사를 지속하는 데 중요한 구실을 한다. 그래서 내가 문구류에 집착하는 문구덕후가 됐는지도 모르겠다.

필기구 중에서도 가장 다루기 어렵다는 만년필은 신기한 물건이다. 제아무리 악필인 사람도 만년필을 쥐면 놀랍게도 또박또박 정자체의 글자를 쓰게 된다. 만년필은 보관하기도, 길들이기도 힘들다. 얼마간 쓰지 않고 내버려두면 잉크가 말라버린다. 잉크를 다시 채우고, 굳은 펜촉을 풀려면 애를 써야 하는 불편함에도 불구하고 필기감은 독보적이다. 손에 익기만 하면 만년필만 한 필기구가 없다는 것을 알게 된다.

그런 까다로운 만년필을 길들이는 데 걸리는 시간도 하루 15분 정도면 충분하다. 매일 만년필로 글씨를 쓰면 잉크가 마르지 않는다. 나는 점점 손에 익어가는 만년필의 필기감을 경험하기 위해, 매일 하루 15분씩 필사를 했다. 그렇게 13년을 쭉 이어올 수 있었다.

매일 조금씩 좋아진다는 건 어떤 의미일까? 시간을 허투루 흘려보내는 것이 아닌 시간을 채우는 것이 아닐까? 이 경험을 계속하고 싶어서 내일이 기대된다. 그런 시간이 조금씩 모이고 쌓인다. 한 분야의 대가가 되는 비법은 다들 알다시피 멈추지 않고, 오랜 시간을 꾸준하게, 매일매일 실력을 향상시키는 것이다. 그러면 나이 드는 것은 늙어가는 것이 아닌 대가로서 실력이 농익어가는 시간이 된다. 시간을 컨트롤하고 싶다면 매일 조금이라도 의미 있는 일을 하면 된다. 그 작은 시간들이 모여 태산을 이루고 대가를 탄생시킨다.

나는 평생 글을 쓰고 싶다. 80대에도 현역작가로 활동하고 싶다. 건강과 시간이 허락한다면 죽기 전까지 글을 쓰고 싶다. 매일 15분이라도 글을 쓰면 그날은 기분이 좋다. 15분이라는 짧은 시간을 써도 아예 쓰지 않는 것보다 괴로움이 덜하다. 하루 300단어의 의미 없어 보이는 단어를 나열하다 보면 그중에 하나는 건질 만하다. 그렇게 한 문장이라도 좋은 문장을 썼다는 만족감이 매일 글을 쓰게 하는 원동력이 된다. 양이 쌓이면 질적인 변화가 일어난다.

매일 써야 옥석 하나라도 만들 수 있다. 글이 써지지 않아 온갖 고뇌의 시간을 보내며 하얀 바탕에 커서가 깜빡이는 것을 바라보는 대신, 마음에 차지 않아도 일단 뭐라도 써 내려가는 게 좋다. 아무 말 대잔치라도 일단 써야 보배가 될지 말지 판단할 수 있다. 퇴고를 하면 된다. 퇴고도 원고가 있어야 할 수 있다. 그렇게 반복하다 보면 조금씩 윤곽이 잡히고 옥고가 돼가는 과정에 이를 것이다. 그러기 위해서는 매일이라는 시간이 필요하다. 그 작은 시간들이 모이면 갑자기 한 방에, 큰 영감이 파도처럼 밀려오기도 한다.

그 순간을 위해서 오늘도 조금씩 성장하고 있다는 기분 좋은 상상을 하며 책상 앞에 앉아 아무 말 대잔치일지도 모르는 글을 쓰고, 퇴고를 한다. 아무 일도 하지 않으면 아무 일도 생기지 않는다. 책으로 가다듬으려면 매일 조금씩의 아무 말 대잔치가 필요하다. 그 후에 물을 주고, 싹을 틔울 시간을 들이고, 정성스레 깎아내고, 원고와 씨름하고, 고뇌하면 책이 된다.

그러니까 오늘도 쓴다. 매일매일 조금이라도 쓴다. 그렇게 쓰는 일을 내 일상으로, 습관으로 만든다. 비가 와도 눈이 와도 365일 매일 글을 쓰는 사람이 작가다.

틈틈이, 짬짬이
습관으로 가능성을 쌓다

시간은 눈 깜짝할 사이에 흐른다. 하루를 무엇으로 채웠는지 되짚어볼 새도 없이 해는 뉘엿뉘엿 지고 벌써 저녁 시간이다. 쳇바퀴처럼 굴러가는 인생에 드라마틱한 변화를 만들고 싶어도 막상 무엇부터 해야 할지 막막하기만 하다. 그럴 때는 아무 생각 말고 15분이라도 몸을 움직여보자. 활력을 만들자. 사람은 몸을 움직여야 감각이 살아나고 의욕이 고취된다. 매일 조금씩이라도 운동을 하는 사람과 하지 않는 사람의 격차는 세월이 지나면서 더욱 커져간다.

살림의 고수는 살림을 열심히 하지 않는다. 그저 습관처럼 할 뿐이다. 외출하고 집에 돌아오면 바로 가방을 정리하고, 쓰레기가 생기면 곧바로 휴지통에 넣는다. 화장실에 갈 때마다 물기를 닦아내고, 먼지가 보일 때마다 털어주면 깨끗하게 유지된다. 습관처럼 미루는 사람은 아무리 시간이 많아도 좀처럼 주변이 정리되지 않는다.

정리 정돈을 업으로 삼고 있는 정리 컨설턴트는 의외로 정리 정돈에는 특별한 비법이 없다고 말한다. 눈에 보이는 대로 청소하고, 물건을 제자리에 두는 생활 습관만 있다면 따로 시간을 내어 집을 정리할 필요가 없다고 강조한다. 사실 사용한 물건을 제자리에 두는 게 어려운 일은 아니지 않은가. 조금씩, 그때그때 정리하는 습관이 있다면 집 안이 항상 쾌적하다.

큰 꿈을 꾸기 전에 자기 방부터 치우라는 말이 있다. 자기 방도 정리하지 못하는 사람이 체계적으로 꿈을 이룰 수 있을까? 일단 15분 정도 자기 방을 정리해보자. 냉장고를 정리해보자. 정리 정돈은 하루를 산뜻하게 시작할 수 있게 하는 핵심 습관이다.

◆ ◆ ◆

암, 심장병, 뇌혈관 질환은 3대 생활 습관병으로 불린다. 생활 습관병은 근육 감소로부터 비롯되는데, 결국 운동부족이 원인이다. 미국의 정치가 벤저민 프랭클린(Benjamin Franklin)은 이렇게 말했다.

"1온스의 예방이 1파운드의 치료보다 낫다."

매일 규칙적으로 운동하는 생활 습관을 가진 사람은 생활 습관으로 인한 병에 걸릴 확률이 낮아진다. 치매를 예방하는 가장 좋은 방법도 꾸준한 운동이다. 결국 좋은 생활 습관이 최고의 건강 파트너인 것이다.

    동생 친구 중에 30대 후반에도 20대 초반 때 몸무게를 유지하는 이가 있다. 비결이 무엇인지 살펴보니 생활 습관에 그 답이 있었다. 이 친구의 생활 습관은 스트레칭을 조금씩 자주 하는 것이다. 이 친구를 생각하면 스트레칭하는 모습이 먼저 떠오를 정도로 하루에도 여러 번 반복한다. 30대 후반의 나이에도 군살 하나 없이, 20대 초반의 얼굴과 몸매를 유지하고 있는 비결은 바로, 언제 어디서나 짬짬이 스트레칭을 하는 생활 습관에 있었던 것이다.
    스트레칭뿐만이 아니라 산책을 생활 습관으로 만들면 불안감 수치가 떨어지고 기억력이 향상되는 효과가 있다. 운동이라고 해서 거창하게 시작하는 것보다 가볍게 15분 정도 산책을 하면서 슬슬 시동을 거는 방법이 좋다. 하루 15분을 잘 활용하는 것만으로도 건강한 생활 습관을 만들고, 치명적인 병으로부터 자신을 지킬 수 있다.

    모든 습관 만들기의 적은 크게 시작하려고 하는 것이다. 평소에 전혀 운동을 하지 않는 사람이 갑자기 하루에 한 시간을 운동하면, 마음의 부담으로 인식한다. 운동을 지속하려고 해도 내면의 저항이 커서 자연스럽게 습관으로 이어지기 힘들다. 갑자기 동기부여를 받아 의지력을 활활 태우며 시작하기는 쉬워도 그 의지력이 오래가지 못한다.

작은 습관을 지속하면 집중력이 개선된다. 가볍게, 부담 없이 시도할 수 있는 시간이 바로 15분이다. 15분만 해보겠다, 생각하면 마음의 부담을 덜고, 내적 저항을 줄일 수 있다. 편해야 오래간다. 긍정적 경험이 부정적 경험을 상쇄한다.

또 하나, 습관 만들기에 실패하는 가장 큰 이유는 단기간에 드라마틱한 변화를 원하기 때문이다. 세상 일은 무엇 하나 금방 이루어지는 법이 없다. 단기간에 큰 변화를 이루려고 하면 몸과 마음이 저항을 한다. 롤러코스터를 탔을 때 우리가 어지러운 까닭은 물리적 속도가 몸의 반응보다 훨씬 빠르기 때문이다.

인생은 롤러코스터가 아니다. 차를 타고 한 시간에 500km를 이동할 수 없듯이 우리의 몸은 변화된 행동을 받아들이는 데 충분한 시간이 필요하다. 하지만 바로 이때, 아직 시간이 충분히 흐르기 전에, 조급해진 마음이 습관 만들기를 그르치는 것이다. 빨리 결과가 나오지 않으니 중도에 포기하고, 자신에게 실망하는 악순환이 반복되는 것이다.

습관을 만드는 것은 긴 여정이다. 이 여정을 성공적으로 이끌기 위해서는 습관 만들기 자체에 목표를 두어야 한다. 결과보다 습관

만들기에 집중하라. 결과는 결코 쉽고 빠르게 오지 않는다. 결과에 집착하며 마음에 부담을 지는 것보다 하루 15분 할 일을 지속하는 것으로 만족하라. 숲의 관점에서 인생을 바라보아야 일희일비하는 조급함에서 자유로울 수 있다.

운명은 하루하루 천천히 쌓인다. 인생의 변화는 작은 반복에서 시작된다. 우리에게는 시간이 충분하다. 욕심부리지 말고 우선 15분만 잘 지내보자. 15분부터 차분히 늘려나가자. 시간이 지나면 15분으로 쌓아온 가능성에 벼락같은 변화가 찾아올 것이다.

작은 불씨가
새로운 불길을 만든다

인생을 바꾸기에는 너무 늦었다고 생각하는가? 인생의 뻔한 결말을 뒤엎고 싶다면 오늘 하루를 붙잡아라. 눈앞의 15분에 모든 것을 걸어라. 그리고 내일도 그것을 지속하라. 무슨 일이든 매일 반복하면 내 일상 속으로 스며든다. 그렇게 자주, 매일, 지속적으로 해나가는 것만이 현실적인 해결책이다. 눈앞의 15분부터 다스리는 경험을 해보자.

성공을 원한다면 탁월한 습관을 지속적으로 실현해 나가야 한다. 좋은 삶을 살기 위해 필요한 건 지금보다 더 많은 열정과 꿈이 아니다. 당장 주어진 15분 동안 무엇을 하느냐가 가장 중요하다. 지금 자신의 삶에 주어진 15분으로 실질적인 자기 효능감을 경험하라. 그 경험을 끊임없이 축적하라.

습관이 자리 잡으면 자신을 컨트롤하는 데 자신감이 쌓인다. 어디에 집중할 것인지, 어떤 습관을 만들 것인지 내가 선택할 수 있다. 내가 선택한 습관이 내 삶을 만든다. 습관을 바꾸지 않으면 아무것도 변하지 않는다.

성취란 커다란 열정이나 꿈으로 이루어지지 않는다. 과도한 열정, 과도한 포부, 과도한 꿈은 사람을 지치게 한다. 오늘 당장 내게 주어진 시간에 자연스럽게 실행하는 것을 지속해야 결과가 보인다.
가장 먼저 해야 하는 일이 가장 하기 싫은 법이다. 복잡한 감정이 얽히면 추진력이 떨어진다. 좋은 습관이 일상 속에서 물 흐르듯이 술술 이어지면 하루 종일 무거운 마음으로 동동거릴 필요가 없다. 감정은 잠시 내려놓고 15분만 움직여보자. 자주 실행하면 저절로 몸에 익어 시작이 수월하다. 일단 시작하면 의욕이 생기고, 아무리 귀찮은 일이라도 해결할 수 있는 실마리를 잡을 수 있다.

매일 할 수 있는 일을 해낼 때 삶은 가장 빛난다. 조금씩 바꾸면 내일은 더 나아진다. 15분만 집중해도 나른하던 정신이 번쩍 든다. 오늘 작은 불씨로 내 마음에 등불을 켜자. 작은 깨달음이 마음속에 파동을 일으키고, 행동으로 옮겨지고, 삶에 스며들어 타인에게 좋은 영향력을 끼치는 새로운 불길을 만든다.

삶의 무기가 되는
좋은 습관

초판 1쇄 인쇄 2020년 11월 11일
초판 1쇄 발행 2020년 11월 20일

지은이 | 김시현
펴낸이 | 김의수
펴낸곳 | 레몬북스(제396-2011-000158호)
주   소 | 경기도 고양시 일산서구 중앙로 1455 대우 시티프라자 802호
전   화 | 070-8886-8767
팩   스 | (031) 955-1580
이메일 | kus7777@hanmail.net

ISBN 979-11-91107-02-9 (03190)

※ 잘못 만들어진 책은 구입처에서 교환 가능합니다.

이 도서의 국립중앙도서관 출판예정도서목록(CIP)은 서지정보유통지원시스템 홈페이지
(http://seoji.nl.go.kr)와 국가자료종합목록 구축시스템(http://kolis-net.nl.go.kr)에서
이용하실 수 있습니다. (CIP제어번호 : CIP2020045856)